LA
SANTIDAD

El Plan de Dios *para la* Plenitud *de* Vida

HENRY
BLACKABY

Editorial
UNILIT

SEPA

Publicado por
Editorial Unilit
Miami, Fl. 33172
Derechos reservados

© 2004 Editorial Unilit (Spanish translation)
Primera edición 2004

© 2003 por Henry Blackaby
Originalmente publicado en inglés con el título: *Holiness*
por Thomas Nelson, Inc., Nashville, TN, USA.
Todos los derechos reservados.

Traducido al español por: Dr. Andrés Carrodeguas

Citas bíblicas fueron tomadas de la Santa Biblia, revisión 1960
© Sociedades Bíblicas Unidas.
Usada con permiso.

Producto 496778
ISBN 0-7899-1229-5
Impreso en Colombia
Printed in Colombia

A NUESTROS CATORCE NIETOS, CON EL DESEO
DE QUE BUSQUEN DILIGENTES LA VOLUNTAD
DE DIOS EN SU VIDA.

*Mike, Daniel, Carrie, Erin, Matthew, Conor,
Christa, Stephen, Sarah, Emily, Douglas,
Anne, Elizabeth y Joshua.*

CONTENIDO

Introducción

Estos mensajes constituyen el corazón mismo de mi ministerio actual. Predicadas de una u otra forma, estas verdades se han ido desarrollando en mi vida a lo largo de muchos años. Son los mensajes de mi vida para el pueblo de Dios, mientras Él nos llama a la renovación, el avivamiento y el despertar espiritual. Son unas verdades que comenzaron a causar una profunda impresión en mi vida cuando era solo un niño. Aún puedo recordar lo que predicaba y enseñaba mi padre siendo laico. Él había comenzado una iglesia en una sala de bailes de una ciudad muy pecadora situada en la costa norte de la Columbia Británica, en Canadá. Veía las vidas quebrantadas en aquella ciudad repleta de alcohol. Lloraba ante el Señor por el lamentable estado de la gente. Una y otra vez predicaba con pasión sobre el pecado, el arrepentimiento, el temor de Dios y la santidad. El pecado que había en la vida de tantas personas desesperadas lo abrumaba, mientras él llevaba una vida cristiana íntegra. Él se mantenía leal en su santidad personal. Nuestra familia también vivía bajo la profunda convicción de que el Señor regresará, y de que habrá que rendirle cuentas entonces. Todo esto produjo una profunda impresión en mi joven vida.

Siendo ya un hombre joven, mi vida y mensaje también tomaron forma a partir del arrepentimiento y el avivamiento, a través de las numerosas historias y fotografías que mi familia recibió de China durante el gran Avivamiento de Shantung. Mi tía y mi tío fueron misioneros allí durante esos tiempos tan asombrosos y emocionantes de avivamiento.

Durante los primeros tiempos de mi ministerio, Dios me convenció de que Él es santo y de que su pueblo necesita volver a Él. Utilizó los escritos de Oswald Chambers y de Duncan Campbell para causar en mí un profundo impacto. El año antes de irme a la iglesia bautista Faith de Saskatoon para convertirme en su pastor, Duncan Campbell había estado en aquella ciudad. En ella dejó una marca indeleble e indicó que Dios le prometía un avivamiento a Canadá. Esta promesa de un avivamiento y el testimonio de su vida santa se encontraban entre las razones que me llevaron a responder al llamado que se me hizo para ministrar allí.

Ya había sentido el peso del pecado y la profunda necesidad de un arrepentimiento bíblico mientras pastoreaba en California durante la década de los sesenta. Temblaba ante Dios al darme cuenta de que su pueblo ya no le temía a Él, ni al pecado, y había dejado de buscar la santidad. Como pastor, veía las consecuencias del pecado en el pueblo de Dios. Le predicaba y enseñaba apasionadamente a ese pueblo a temer a Dios, odiar el pecado y arrepentirse por completo ante el Dios santo para buscar la santidad como estilo de vida.

Dios honró la ferviente y fiel proclamación de estas verdades en medio de su pueblo. Ese pueblo hizo caso a su Palabra, y hubo cambios dramáticos en las vidas y en las familias. Las comunidades que pastoreaba cambiaron en muchos sentidos, y las almas perdidas recibieron la salvación. Dios me concedió en su bondad el privilegio de experimentar toques de un avivamiento real. Mi primer encuentro con un avivamiento profundo y genuino tuvo lugar en Saskatoon, Saskatchewan, en el oeste de Canadá. Después de haber pasado mucho tiempo en oración con los demás pastores, Dios se comenzó a mover poderosamente cada noche durante siete semanas y media. Las iglesias se vieron afectadas y fueron tocadas miles de vidas. Aún ahora, treinta años más tarde, se sienten los efectos de aquellos días. Durante aquel tiempo vimos mucha gente salvada, se abrieron iglesias nuevas y muchas personas fueron llamadas al ministerio. Muchas iglesias experimentaron un gran avivamiento.

Más tarde, en la Universidad Howard Payne, de Texas, Dios me permitió ver y experimentar el avivamiento con la gente de allí. Este avivamiento afectó a centenares de universidades más y a muchos seminarios. Las verdades que Dios había grabado con fuego en mi corazón se veían confirmadas por las vidas que eran transformadas. De nuevo, en Fort Collins, Colorado, presencié veintiuna horas seguidas de un quebrantamiento y un arrepentimiento profundos en una reunión de varios miles de obreros de la Cruzada Estudiantil y Profesional para Cristo. Ahora encuentro muchas de esas vidas transformadas cuando viajo por el mundo entero.

Dios le ha ido dando forma a mi vida por medio de esas experiencias de avivamiento, y de esta forma, los mensajes centrales de mi ministerio han ido adquiriendo profundidad. En este libro comparto lo que Dios puso en mi corazón para su pueblo. Hoy en día siento una apasionada carga por compartir estas verdades tan necesarias con el pueblo de Dios:

- La pérdida del *temor* de Dios
- La necesidad de ver el *pecado* desde el punto de vista divino
- El *camino de la santidad*

Quiera Dios continuar derramando su gracia y concediéndonos que estas palabras y verdades sigan atrayendo a su pueblo hacia Él, y de esta forma, hacia la experiencia de un avivamiento profundo. El mensaje de mi vida sigue llevando hacia un avivamiento y un despertar espiritual genuinos en esta nación y en el mundo entero, para la gloria de Dios.

Uno
La pérdida del temor de Dios

EL PUEBLO DE DIOS ES EL QUE REALMENTE LE PUEDE dar forma a una nación. Muchos esperan que los grandes líderes o los gobernantes poderosos sean quienes lo hagan. Pero lo más probable es que los líderes y los gobernantes no puedan restaurar a una nación una vez que vaya cuesta abajo. Aunque los líderes y los gobiernos pueden influir sobre una nación, no hay grupo alguno de personas que pueda determinar los años futuros de ella como el pueblo de Dios.

Así como le va al pueblo de Dios, así va la redención del mundo. Por tanto, Dios se halla obrando poderosamente en los suyos. Estamos más cerca que nunca antes del avivamiento o del juicio. No hay más alternativa que una de estas dos cosas. O el pueblo de Dios vuelve a Él de todo corazón, o Él va a juzgar a nuestra nación. No tenemos que ponernos a adivinar el aspecto que va a tomar ese juicio, ni lo completo que va a ser. La Biblia indica la forma total en que Dios juzga a su pueblo. Toda nación que olvide a Dios como pueblo cae bajo su juicio. Cuando Él juzgó a Israel, el reino del norte, barrió con él por completo. Cuando juzgó a Judá, el reino del sur, destruyó

Así como le va al
pueblo de Dios,
así va la redención
del mundo.

a Jerusalén y al templo, y puso al pueblo en una esclavitud que duró setenta años. También tomó al pueblo de los tiempos de Jesús y lo esparció de una manera tan total, que no se volvieron a reunir en más de mil novecientos años, tal como Jesús había predicho.

Si vemos la historia del trato de Dios con su pueblo, nos deberíamos poner a temblar. Pero la pérdida del temor de Dios es la que caracteriza a su pueblo actual en los Estados Unidos.

UNA DEFINICIÓN DE AVIVAMIENTO

En 1987 hubo una conferencia sobre oración y despertar espiritual en Carolina del Norte. El orador principal, el doctor J. Edwin Orr, habló el 21 de abril. Su mensaje se titulaba *El avivamiento es como el día del juicio*. Fue el último mensaje que predicó. Al día siguiente falleció, y fue al encuentro de su Señor, al que sirvió con tanta fidelidad. Ese mensaje se me ha quedado grabado en el corazón. El tema de ese sermón está muy de acuerdo con las Escrituras: *el avivamiento es como el día del juicio*.

Sin embargo, muchos no pensamos en el juicio, sino en el avivamiento. Parece como si hubiéramos redefinido en nuestros días el avivamiento como algo distinto a aquello que las Escrituras definen como tal. Al parecer, hemos cambiado la definición de una manera que corresponde a lo que queremos que sea. Hemos cambiado a Dios a nuestra propia imagen. Hemos cambiado la adoración, la labor con jóvenes y la vida de familia para hacerlos lo que nosotros queremos. En su aplicación a nuestra propia vida hemos cambiado casi todos los mandamientos de Dios. Y seguimos quebrantando los Diez Mandamientos; todos ellos. Si yo lo llevara a través de lo que dicen las Escrituras que es el día de reposo, vería que el pueblo de Dios lo ha profanado por completo; esto es, si tomamos las Escrituras como directrices acerca de la forma de actuar en ese día de reposo. Pero mientras todo el mundo haga lo que le parezca bueno ante sus propios ojos y no sea distinto a nadie más, damos por sentado que ya Dios no nos juzga, que las cosas andan bien. Sin embargo, no es así. Hay un increíble y profundo clamor por el avivamiento. Yo considero que es un clamor creado por Dios. Pienso que es un clamor que sube hasta Dios, diciéndole: *Señor, avívanos de nuevo para que tu pueblo se pueda regocijar en ti.* Quiero que usted comprenda la naturaleza de lo que Dios está haciendo.

Mientras medita en este mensaje doy por sentado que en su corazón hay un clamor por el avivamiento. Pero comprenda que nuestra nación, nuestras iglesias y nuestra vida familiar necesitan tener un profundo encuentro personal con Dios. Necesitamos que se nos reoriente de nuevo hacia Dios en todos los niveles de nuestra vida. Ese clamor del corazón que hay en su vida es real y personal, pero su participación en los caminos de Dios no nace cuando nos limitamos a escuchar

> Nuestra nación, nuestras iglesias y nuestra vida familiar necesitan tener un profundo encuentro personal con Dios.

un mensaje. Nace de un profundo proceso personal y colectivo. Cuando oímos la Palabra de Dios, esta comienza de inmediato un proceso en su interior para que comprendamos lo que Él le está diciendo y respondamos en consecuencia. Cuando nos enfrentamos con Dios cara a cara, y Él nos dice algo por medio de su Palabra, comenzamos de inmediato a descubrir que debemos responder: *Si esto es lo que dice Dios, entonces es lo que yo debo hacer.*

BENDICIÓN O MALDICIÓN

¿Recuerda cuando los sacerdotes estaban limpiando el templo en tiempos de Josías y se encontraron las Escrituras? En ellas se dice: «Y cuando el rey hubo oído las palabras del libro de la ley, rasgó sus vestidos» (2 Reyes 22:11).

¿Recuerda lo que sucedió cuando los sacerdotes tomaron esas Escrituras y las comenzaron a leer en presencia del rey? Puede encontrar toda esta historia en 2 Reyes 22 y 23. De repente, el rey se dio cuenta por vez primera de cuál había sido siempre la norma y de que nadie se puede burlar de Dios. Lo que se siembra es lo que se cosecha. Ya el rey no ignoraba el aspecto que esto tendría, porque ahora se le estaba leyendo el pacto en cuanto a lo que Dios haría *si* el pueblo seguía y practicaba lo que Él decía. Entonces, en Deuteronomio 28 y Levítico 23, el pacto mencionaba todo lo que Dios les pedía que hicieran. La primera parte del pacto era muy positiva.

La parte negativa del pacto comenzaba con Deuteronomio 28:15. Dios decía que si no seguían lo que Él les había dicho, se echaría atrás en cuanto a todas sus bendiciones como pueblo suyo escogido, encontrado, instruido y separado por Él. Después conservaba en Deuteronomio 28:15-68 las cosas terribles que le sucederían al pueblo de Dios si se negaba a seguirlo. Estas palabras comienzan con el poderoso versículo quince:

> Pero acontecerá, si no oyeres la voz de Jehová tu Dios, para procurar cumplir todos sus mandamientos y sus estatutos que yo te intimo hoy, que vendrán sobre ti todas estas maldiciones, y te alcanzarán.
>
> Deuteronomio 28:15

Cuando Josías oyó aquello, tembló. El Espíritu de Dios que estaba sobre él para que cumpliera sus funciones reales hizo que sintiera que aquello le atravesaba el corazón. De inmediato comenzó a llorar y a rasgar sus vestiduras. Se puso cilicio y se tiró cenizas por encima y llamó al pueblo al arrepentimiento. Josías tomó en serio que Dios iba a cumplir lo que había dicho. Sabía que no habría favoritos ni excepciones. Se daba cuenta de que estaban al borde mismo de la destrucción.

El problema era que habían puesto las Escrituras en un lugar donde ya nadie se daba cuenta de que estaban allí. Estaban cubiertas de escombros. Todo el tiempo que se las estaba pasando por alto, el juicio iba progresando. Estaban más cerca del juicio de Dios porque habían perdido sus normas. Habían perdido todas sus normas de conducta. Por eso se sentaban a discutir lo que a ellos les parecía que era aceptable para Dios. Pero no importaba lo que ellos pensaran porque lo importante era lo que Dios había dicho. Todos estaban haciendo lo que les parecía correcto ante sus propios ojos, y moviéndose con rapidez hacia el juicio total de Dios. Era tan seguro que Dios estaba allí, como que su juicio llegaría. Josué lo comprendió en su sabiduría. Enseguida ajustó su vida a Dios. Reunió con rapidez a todos los líderes espirituales a fin de reunir después al pueblo y lograr un arrepentimiento colectivo (2 Reyes 22:11– 3:3).

Dios oyó el corazón de Josías y le envió un mensaje:

Por cuanto oíste las palabras del libro, y tu corazón se enterneció, y te humillaste delante de Jehová, cuando oíste lo que yo he pronunciado contra este lugar y contra sus moradores, que vendrán a ser asolados y malditos, y rasgaste tus vestidos, y lloraste en mi presencia, también yo te he oído, dice Jehová. Por tanto, he aquí yo te recogeré con tus padres, y serás llevado a tu sepulcro en paz, y no verán tus ojos todo el mal que yo traigo sobre este lugar.

2 REYES 22:19-20

¿Qué sucede cuando se opone a la Palabra de Dios? ¿Tiembla cuando Él habla? Isaías 66:2 dice: «Miraré a aquel que es pobre y humilde de espíritu, y que tiembla a mi palabra». ¿Cuándo fue la última vez que Dios se le enfrentó con su Palabra y usted tembló literalmente como una hoja?

EL TEMOR A DIOS / EL TEMOR AL PECADO

Hace poco llamé por teléfono a un líder importante de una organización, y este me dijo: «Henry, le estoy muy agradecido de que me haya llamado. No tiene idea de la importancia que tiene esta llamada telefónica». Yo había pactado con él que lo llamaría cada cierto tiempo, porque su puesto de líder tenía una gran influencia. Cuando le pregunté qué estaba sucediendo en su vida, me dijo: «Nunca antes en mi vida me he sentido tan totalmente aterrado. Por unas razones que solo Él sabe, Dios comenzó a enfrentarse al pecado que había en mi vida. Me ha sacado cosas en las que no había pensado durante años y años. Ha sacado cosas de mi juventud a las que nunca me había enfrentado en mi vida; cosas que han afectado a mi matrimonio y mi cometido. Durante tres semanas fue implacable y me fue trayendo a la mente lo que Él ve como pecado, y lo serio que es para Él. Hace pocos días llegué a un punto en el que clamé a Dios y le pregunté por qué me estaba haciendo esto. Él me dijo: «Esto lo estoy haciendo, porque me has perdido el temor».

Cuando uno no teme a Dios, tampoco teme al pecado. Hay una relación directa entre tener un alto concepto de Dios y tener un grave concepto del pecado. Cuando nuestro concepto de Dios es bajo, nuestro concepto del pecado es superficial. Cuando no hay temor de Dios, no hay temor al pecado. Me parece asombroso que haya tanta gente que pueda pecar lamentablemente contra la Palabra de Dios. En el Antiguo Testamento, los habrían matado por muchas de las cosas que hacen hoy.

Nos estamos acercando a un enfrentamiento total con Dios que no va a hacer excepciones.

En el Nuevo Testamento, Dios dice que esas cosas son mucho más serias de lo que eran en el Antiguo. Me asombra ver cómo hay tantos que creen de alguna forma que, mientras ellos no sientan que algo es malo, ese algo no es malo; mientras se puedan sentir bien con respecto a ese algo, lo pueden seguir haciendo. Mientras Dios no se les enfrente inmediatamente, debe ser que las cosas están bien. Nos estamos acercando a un enfrentamiento total con Dios que no va a hacer excepciones.

Este hombre al que yo llamé, me dijo: «Henry, quiero que sepa que solo en las últimas tres semanas Dios ha puesto en mi corazón una comprensión sobre la razón por la que no vemos un avivamiento. No vemos que la mano de Dios se mueva en medio de su pueblo, porque le hemos perdido el temor».

Más tarde, me hallaba en otro estado, hablándole a un gran grupo de personas. Algunas personas se acercaron para hablarme después de la reunión. Me dijeron que la iglesia había votado acerca de un programa de construcción. La constitución de la iglesia establecía que se necesitaba setenta y cinco por ciento de los votos para proceder. Obtuvieron setenta y dos por ciento. Según ellos, el pastor estalló en cólera y comenzó a regañarlos. Tomó cien personas, se pasó con ellas a menos de kilómetro y medio en la misma calle, y andaba buscando edificio para comenzar otra iglesia.

Cuando oí aquello, comencé a temblar. Las Escrituras señalan que no se puede tocar al cuerpo de Cristo sin que Dios se le enfrente seriamente a uno (Hechos 5:1-5).

He escuchado un relato tras otro sobre personas que han pasado por divisiones de iglesias en toda esta nación. Las personas involucradas no tienen ningún temor de Dios. Su tendencia consiste en comentar que, por lo menos, comenzaron otra iglesia. No fue otra iglesia lo que comenzaron, sino un club religioso. Dios no tuvo nada que ver con esa división. El Espíritu de Dios no participa nunca en la división de una iglesia. ¡Nunca! Él es el autor de la unidad. La gente de Dios podrá dar cuantas explicaciones quiera, para sentirse bien al respecto, pero cuando tenemos una división en una iglesia, estamos cancelando nuestro derecho a predicar el Evangelio de la reconciliación. Esa iglesia solo demostró que el Dios que nos reconcilia consigo mismo no puede lograr una reconciliación en ese grupo de gente suya. ¿Qué mensaje le da esto al mundo? Lo trágico es que no hay temor de Dios.

En mis treinta años de pastorado descubrí que Dios sí hace su obra de juicio en los hijos. Por lo general, esa siguiente generación no tiene nada que ver con el pueblo de Dios. Se casan y establecen hogares donde no hay piedad alguna, se divorcian, los nietos sufren y todo se viene abajo. Hay quienes dicen que Dios no los juzga. No entienden que acaba de hacerlo. Dios dijo que los corazones de los hijos se alejarían de Él; que no seguirían sus caminos.

Marilyn y yo hemos orado desde que nació nuestro primer hijo, diciendo: *Señor, guárdanos en santidad por el bien de nuestros hijos. Guárdanos caminando contigo. Haz que sigamos formando parte del edificio del pueblo de Dios, para que nuestros hijos también te quieran servir.*

Mi corazón clama por mí, y por el pueblo de Dios que me rodea, para que volvamos a la Palabra de Dios y permitamos que Él nos diga cuáles son las verdaderas normas.

El regreso a Dios

El término avivar significa «hacer volver a la vida». Las personas que están perdidas no pueden ser avivadas, porque nunca han tenido vida. Primero tienen que ser salvas, tienen que despertar a la realidad de que están perdidas. El avivamiento es una obra que Dios hace de manera exclusiva en los suyos. Cuando la vida de Dios se ha marchado de su pueblo, y nos contentamos con vivir sin su presencia manifiesta —satisfechos semana tras semana sin evidencia alguna de la presencia y el poder de Dios—, entonces necesitamos un avivamiento. Necesitamos que la vida de Dios regrese a nosotros.

Le quiero dar una imagen verbal de cómo son las cosas cuando la presencia de Dios cae sobre los suyos. ¿Ha estado alguna vez en medio de algo así, o es así como se ha imaginado a partir de las Escrituras que debería ser un avivamiento?

He aquí, yo envío mi mensajero,
el cual preparará el camino delante de mí;
y vendrá súbitamente a su templo
el Señor a quien vosotros buscáis,
y el ángel del pacto,
a quien deseáis vosotros.
He aquí viene,
ha dicho Jehová de los ejércitos.

¿Y quién podrá soportar el tiempo de su venida?
¿o quién podrá estar en pie cuando él se manifieste?
Porque él es como fuego purificador,
y como jabón de lavadores.
Y se sentará para afinar y limpiar la plata;
porque limpiará a los hijos de Leví,
los afinará como a oro y como a plata,
y traerán a Jehová
ofrenda en justicia.

Y será grata a Jehová
la ofrenda de Judá y de Jerusalén,
como en los días pasados,

y como en los años antiguos.
Y vendré a vosotros para juicio;
y seré pronto testigo
contra los hechiceros y adúlteros,
contra los que juran mentira,
y los que defraudan en su salario al jornalero,
a la viuda y al huérfano,
y los que hacen injusticia al extranjero,
no teniendo temor de mí,
dice Jehová de los ejércitos.

MALAQUÍAS 3:1-5

Hace poco supe de una situación en la cual se descubrió que un pastor había estado alquilando cuartos de motel para una mujer determinada. Nadie lo había sabido. Pero en realidad, no era cierto que nadie lo supiera. Dios estaba presente cuando el pastor firmaba. Cuando se le enfrente, se convertirá en testigo en su contra. ¡Eso nos debería hacer temblar! Las cosas que hemos escondido por largo tiempo de los ojos ajenos, no han sido hechas en secreto con respecto a Dios. En el avivamiento, Dios se presenta como testigo en nuestra contra.

Si alguien pierde el temor de Dios, no hay nada que lo frene. Muchos no creen que Dios los vea, ni creen que Él conozca el estado de sus corazones. Piensan que si los ve y no los detiene, es que todo está bien. Pero Él sí nos ve, y tal vez no nos detenga, pero lo que hacemos *no* está bien. Si la Palabra de Dios dice que es pecado, pecado es.

Porque yo Jehová no cambio;
por esto, hijos de Jacob, no habéis sido consumidos.
Desde los días de vuestros padres
os habéis apartado de mis leyes,
y no las guardasteis.
Volveos a mí, y yo me volveré a vosotros,
ha dicho Jehová de los ejércitos.
Mas dijisteis: ¿En qué hemos de volvernos?

MALAQUÍAS 3:6-7

Cada vez que oímos un mensaje en el que se nos insta a volver al Señor, los miembros del pueblo de Dios dicen continuamente: *Bueno, ¿y en qué necesito volver a Él? Soy cristiano nacido de nuevo. Fui bautizado. Soy líder en la iglesia. Cuando muera, me voy al cielo. ¿Qué me quiere decir con eso de «volver a Dios»?*

Si algún aspecto hay en el cual el pueblo de Dios se encuentre desorientado, es esta cuestión del arrepentimiento. Si habláramos con gran seriedad acerca del arrepentimiento, muchos inclinarían la cabeza para orar diciendo: *Señor, si hay aquí alguien que esté perdido, te pido que oiga estas palabras y se*

DIOS LE ESTÁ GRITANDO A SU PUEBLO, DICIÉNDOLE: *¡No son los perdidos los que necesitan arrepentirse, sino mi propio pueblo!* NOSOTROS SOMOS LOS QUE NOS HEMOS ALEJADO DE ÉL.

13

arrepienta. Sin embargo, Dios le está gritando a su pueblo, diciéndole: *¡No son los perdidos los que necesitan arrepentirse, sino mi propio pueblo!* Nosotros somos los que nos hemos alejado de Él.

Así fue cómo, con corazón compasivo, con un corazón profundamente preocupado, Dios vino y le dijo al profeta Malaquías que le comunicara a su pueblo que el Dios al que habían estado buscando, llegaría de manera repentina a su templo (Malaquías 3:1). Cuando Él venga en nuestros días, nadie va a poder hablar, más que Él. Y cuando Él acabe de hablar, entonces sabremos cómo Él ve lo que hemos hecho.

Dos

El pecado desde el punto de vista divino

Dios está llamando a su pueblo para que regrese a Él y se convierta en un *camino de santidad* por el cual Él pueda venir a este mundo perdido. Pero antes que nos podamos convertir en camino de santidad, necesitamos comprender las cuestiones relacionadas con el pecado. Para poder comprender nuestro pecado, necesitamos verlo desde la perspectiva de Dios. Tenemos que edificar nuestra relación con Él de tal manera, que nuestra vida pueda ser un camino mediante el cual Él alcance al resto de nuestra nación en un gran avivamiento en medio de su pueblo, y en un arrollador despertar espiritual en los corazones y vidas de aquellos que no lo conocen.

Dentro de nosotros llevamos una urgencia. Esa urgencia tiene por lo menos dos sentidos principales. Si mi comprensión de las Escrituras es correcta, Dios juzga a toda nación que descuida la orientación que Él le ofrece. Muy bien podría ser que nos hallemos ya bajo el juicio de Dios.

Si intentara hallar los comienzos de lo que considero un descuido de Dios a nivel nacional, regresaría a principios de la década de los sesenta. Tal parece como si Dios hubiera quitado en esa década la valla protectora que rodeaba a los Estados Unidos. Desde los años sesenta hasta el presente, hemos estado viendo producirse una serie de cosas desenfrenadas. No parece haber nada que detenga la oleada de injusticia que invade la sociedad. Desde aquella década se ha seguido produciendo un profundo alejamiento de Dios en las iglesias. Es como si la valla de su protección se hubiera roto, y Él estuviera permitiendo que experimentáramos las consecuencias de nuestro propio pecado.

Se siente una urgencia en las Escrituras cuando Dios dice en ellas: «Si se humillare mi pueblo, sobre el cual mi nombre es invocado, y oraren, y buscaren mi rostro, y se convirtieren de sus malos caminos; entonces yo oiré desde los cielos, y perdonaré sus pecados, y sanaré su tierra» (2 Crónicas 7:14). Este magnífico pasaje indica con claridad que la redención de los Estados Unidos espera el arrepentimiento del pueblo de Dios. La salvación de la nación tiene poco que ver con Washington, o con Hollywood. Tiene que ver con el pueblo de Dios. Si ese pueblo no siente que el problema es con él, entonces a los Estados Unidos no le queda posibilidad alguna de

La salvación de la nación tiene poco que ver con Washington, o con Hollywood. Tiene que ver con el pueblo de Dios.

avivamiento ni de supervivencia. Y de esta forma, comprendiendo en una medida cada vez mayor lo que dice Dios en su Palabra, llevamos en nuestro interior una profunda sensación de urgencia porque estamos hoy en nuestra nación más cerca del juicio de Dios que el año pasado.

AVIVAMIENTO Y ORACIÓN

¿Cree usted que cuando ora el pueblo de Dios, Él lo escucha, le responde y produce unos cambios profundos? ¿Está ayudando a su familia y a la gente de su iglesia a orar por el estado de su vida, de su familia, de su iglesia y de su nación? Recuerde que Dios dijo: «Porque los ojos de Jehová contemplan toda la tierra, para mostrar su poder a favor de los que tienen corazón perfecto para con él» (2 Crónicas 16:9). También dijo: «La oración eficaz del justo puede mucho» (Santiago 5:16). Y Jesús dijo: «Y todo lo que pidiereis al Padre en mi nombre [que esté de acuerdo con todo lo que os he enseñado], lo haré, para que el Padre sea glorificado en el Hijo» (Juan 14:13). Con unas promesas así —por medio de las cuales el pueblo de Dios puede cambiar el curso de la historia en una nación—, ¿qué ha sucedido con la oración en su propia vida, en su matrimonio, en su familia, en su iglesia o en su denominación?

Si el avivamiento en los Estados Unidos dependiera de su vida de oración, ¿se produciría ese avivamiento? Si tiene que decir: *Con mi vida de oración, no*, entonces necesita cambiar esa vida de oración. La renovación de la vida de oración es una simple cuestión de decisión personal. Su vida es el resultado de las decisiones que usted ha tomado, y su iglesia es el resultado de las decisiones que ella ha tomado. Su reunión de oración refleja las decisiones que la iglesia ha tomado como tal. Nuestra nación es reflejo de las decisiones que el pueblo de Dios ha tomado acerca de su relación con Dios.

Esa es una de las razones por las que este tipo de mensaje lleva en sí un sentido de urgencia. Yo creo que es mucho lo que está en juego. Es más, lo que se está jugando es la eternidad de muchos en nuestra nación. Sin embargo, en su iglesia solo hay suficientes hijos de Dios, si actúan seriamente hacia Él, para cambiar el rumbo de nuestra nación.

En su iglesia solo hay suficientes hijos de Dios, si actúan seriamente hacia Él, para cambiar el rumbo de nuestra nación.

En el Aposento Alto solo había ciento veinte personas que se habían entregado por completo a la persona de Jesucristo (Hechos 1:15). Dios las usó para darle un vuelco total al Imperio Romano. En 1904, usó a un joven de Gales llamado Evan Roberts. Lo quebrantó y sacudió durante un momento concreto de oración, junto con otros que habían estado orando en toda aquella tierra, y cien mil personas aceptaron la fe en Jesucristo en el transcurso de seis meses. El gran avivamiento de

1904 comenzó con oración. Como consecuencia, fueron miles las personas que terminaron en el campo misionero. Roberts, a sus veintiséis años, vivía centrado en la oración y el avivamiento, y ese avivamiento sirvió para lanzar un gran movimiento misionero.

¿Qué podría hacer Dios por medio de su vida? ¿Siente que Estados Unidos necesita el poderoso toque divino? ¿Cree que Dios podría obrar por medio de su vida como lo ha hecho con otros? ¿Estaría dispuesto a tomar el tipo de decisiones que Dios exige para ser esa clase de persona? Su reacción al leer este mensaje va a reflejar las decisiones que usted ha tomado con respecto a su Señor.

LA URGENCIA DEL MOMENTO

Hay otra razón para que sea tan urgente la entrega total a Dios aquí y ahora mismo. Yo creo que nosotros podríamos formar la generación que aún esté viva cuando regrese el Señor Jesús. Creo que en estos momentos, Dios podría estar llamando a la última generación de los que estén dispuestos a ir con Él en una misión hasta los confines de la tierra. La mayoría de los líderes con los que me he encontrado en estos últimos años —tanto pastores de iglesias locales, como líderes de grupos de ministerio o líderes de una denominación— se me han unido, afirmando que creen con todo el corazón que nosotros podríamos ser la generación que aún esté viva cuando el Señor Jesús vuelva.

Puesto que el Padre conoce el momento, el día y la hora en que dirá: *Ya basta; se les acabó el tiempo. Mi Hijo va a regresar en las nubes, el juicio va a comenzar y después comenzará la eternidad,* ¿cree usted posible que Él esté causando una sensación de urgencia en los corazones de los suyos y de sus iglesias, sabiendo que se acerca la hora y que la gente tiene el tiempo limitado para responder? ¿Cree que vamos a ver al Señor para darle cuentas por la forma en que hemos vivido? ¿Supone que si nuestro Padre sabe el momento de su venida, le podría haber dado ya a su Espíritu la siguiente indicación?

Haz que mi pueblo comprenda lo urgente que es esta hora; que cuando escuchen mi Palabra, haya una urgencia distinta en sus corazones. Haz que mi pueblo comprenda que invertir su vida en el mundo que va a pasar no es tan importante como invertirla en el Reino que nunca pasará. *(Paráfrasis)*

Dios está agitando como nunca antes los corazones de los niños, los jóvenes, los estudiantes universitarios y los que se hallan a mediados de su carrera. En días recientes, una junta de misiones en el extranjero procesó más de nueve mil nombres de personas que estaban investigando acerca de la posibilidad de un nombramiento misionero fuera del país. ¿Sabía usted que hace solo unos años, solo en la Convención Bautista del Sur se ofrecieron más de trescientas mil personas para las misiones internas y externas? Y es muy probable que en unos pocos años vean medio millón de personas procedentes de sus iglesias realizando misiones en los confines de la tierra.

En estos tiempos recientes son muchos los que han dicho: *En los últimos años, Dios ha movido mi corazón de una manera asombrosa y me ha impulsado a hacer un viaje misionero. Nunca había soñado siquiera que fuera a hacer un viaje misionero a otro lugar del mundo, pero algo pasó en mi corazón y fui, y después nunca he vuelto a ser el de antes.* Este llamado de voluntarios se está produciendo en todo el pueblo de Dios. No creo que sea algo accidental. Creo que es algo que se ha producido bajo la dirección de Dios y que tiene algo que ver con la cercanía del regreso del Señor. Debido a la urgencia de estos tiempos debemos plantarnos delante de Dios y de su Palabra para ver las cosas desde su perspectiva.

De la cabeza al corazón

No basta con que Dios le hable desde su Palabra, porque todo el conocimiento intelectual del mundo nunca podrá cambiar su vida. Cuando lo que sabe en su cabeza le llegue al corazón, no va a poder descansar ni de día ni de noche hasta que Dios se haya convertido en su camino en la vida.

Oigo decir a muchas personas: «Bueno, yo creo que Jesús es el Hijo de Dios. Creo que Él es el Salvador del género humano». Toda la verdad que una persona pueda creer en su mente, la creen también todos los demonios del infierno,

21

Toda la verdad que una persona pueda creer en su mente, la creen también todos los demonios del infierno, pero ellos van un paso por delante de nosotros.

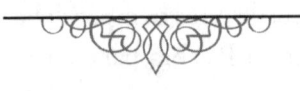

pero ellos van un paso por delante de nosotros. Al menos ellos, cuando conocen esa Verdad en su cabeza, *tiemblan*. Ellos saben que Jesús murió por los pecados del mundo. Saben que Él era el Hijo de Dios sin pecado. Saben que resucitó. Saben que el poder que lo levantó a Él de entre los muertos les ha sido dado a todos y cada uno de los que hayan creído. Saben que Él está intercediendo. Saben que Él va a regresar. No hay verdad alguna que usted y yo creamos en nuestra mente, que ellos no crean y no los haga temblar. Pero la diferencia entre los demonios y nosotros es que cuando nosotros sacamos esas verdades de nuestra cabeza y las dejamos que nos golpeen el corazón, no podremos descansar ni de día ni de noche hasta que se manifieste en nuestra vida aquello que Dios nos muestra en su Palabra.

El texto de 2 Corintios 1:20 ha causado un impacto increíble en mi vida durante este año. El pasaje dice: «Porque todas las promesas de Dios son en él Sí, y en él Amén, por medio de nosotros, para la gloria de Dios». En el momento mismo en que usted fue unido a Jesucristo en la obra salvadora de Dios por medio de la muerte de su Hijo en la cruz, cuanta promesa hizo Él en su Libro se ha convertido en *Sí* para usted. Ahora bien, son muchos los que saben eso en su intelecto, pero le quiero decir cómo puede saber si alguna vez le ha llegado al corazón. En el momento mismo en que sepa que esa promesa es verdadera, debería adquirir la obsesión de hallar cuanta promesa ha hecho Dios, y vivirla, de manera que Él pueda ser ese camino en su vida. Si solo está en su cabeza, no va a cambiar nada en su vida. Pero cuando oye al bendito Señor Jesús decir: «De cierto, de cierto os digo: El que en mí cree, las obras que yo hago, él las hará también, y *aun mayores hará*, porque yo voy al Padre» (Juan 14:12, cursiva del autor), y esa verdad le golpea el corazón, su vida nunca va a volver a ser la de antes.

¿Se puede imaginar lo que sucedería para cambiar el rumbo de Estados Unidos si nosotros creyéramos solo esta promesa con el corazón? Y son centenares las promesas que hay en la Palabra de Dios. ¿Permite que aquello que escucha en su cabeza baje casi medio metro hasta llegar a su corazón y comience a cambiar su manera de vivir?

Usted y yo tenemos la mayor de las posibilidades de transformar las cosas, porque Dios nos ha hecho sus promesas. Él nos dice que nos responderá cuando nosotros le hayamos respondido: «Acercaos a Dios, y él se acercará a vosotros» (Santiago 4:8). Entonces, ¿por qué no acercarnos a Dios y seguir caminando en esa dirección hasta que sepamos que Él se nos ha acercado, y su presencia lo haya transformado literalmente todo en nosotros? No es posible estar en la presencia de Dios y seguir siendo el de antes. Eso sería una imposibilidad absoluta. Este texto que dice: «Acercaos a Dios, y él se acercará a vosotros» es sencillo, pero profundo.

¿Está tomando las promesas de Dios y compareciendo literalmente ante su presencia, hasta que Él sea en usted exactamente como promete ser en su Palabra? Lo trágico es que son muchos en el pueblo de Dios los que pueden saber que están llevando una vida igual a la del mundo que los rodea sin que esto los perturbe. ¿Sabía que a Dios lo perturba profundamente que nosotros vivamos a nuestra manera, en lugar de vivir a la suya? El que los hijos de Dios vayan por sus propios caminos, es llamado pecado. Las Escrituras dicen: «Todo lo que no proviene de fe, es pecado» (Romanos 14:23). En otro lugar, las Escrituras explican esto con más detalle: «Y al que sabe hacer lo bueno, y no lo hace, le es pecado» (Santiago 4:17). Otro texto bíblico afirma: «Todo aquel que comete pecado, infringe también la ley; pues el pecado es infracción de la ley» (1 Juan 3:4). Una de las leyes es esta: «Sobrellevad los unos las cargas de los otros, y cumplid así la ley de Cristo» (Gálatas 6:2). Es pecado ver a nuestro hermano con una carga, y no ayudarlo a llevarla; eso es pecado y entristece el corazón de Dios.

No veo en las Escrituras nada que ponga una carga más honda en el corazón de Dios, que el pecado en el corazón y la vida de los suyos. Por eso quiero que veamos el pecado desde su perspectiva, y no desde la nuestra. ¿Cómo ve Dios el pecado? Las Escrituras dicen que el pecado consiste en no llegar a la altura de lo que Dios nos ha exigido. Eso es pecado. Usted dirá: «Sí, pero es que solo soy humano». No, no lo es; el Dios todopoderoso habita en usted, si ha nacido de nuevo. Usted solía ser solo un ser humano, pero ahora es un hijo del Rey de reyes, en el cual habita Dios como templo suyo, y ahora su vida ya no es suya; ahora se trata de que Cristo vive su vida en usted. ¿No es eso lo que dijo Pablo? «Con Cristo estoy juntamente crucificado, y ya no vivo yo, mas vive Cristo en mí; y lo que ahora vivo en la carne, lo vivo en la fe del Hijo de Dios, el cual me amó y se entregó a sí mismo por mí» (Gálatas 2:20). No se trata de una figura literaria, sino de una realidad. El que yo sepa esto y me resista ante Él, es pecado. En 1 Juan 3:4 se define el pecado como «infracción de la ley [rebelión]». Hay rebelión cuando uno sabe lo que Dios dice, y con todo, decide no obedecerlo. He dicho muchas veces que hay dos palabras que no pueden ir juntas: *No, Señor*. Hay que quitar una de las dos. Si Él es Señor, no tengo posibilidad alguna de decirle que *no*. No es posible llamarlo *Señor* sin decirle que *sí*. Lo que Dios está buscando son hijos suyos que digan constantemente: «Sí, Señor».

Usted solía ser solo un ser humano, pero ahora es un hijo del Rey de reyes.

EL PECADO DESDE EL PUNTO
DE VISTA DEL SER HUMANO

No hay requisito previo más importante para un avivamiento, que el hecho de que nosotros veamos nuestro pecado desde la perspectiva de Dios y nos enfrentemos a él de inmediato. Creo poder decir con toda tranquilidad que no hay pasaje más fuerte en la Biblia al que nos podamos remitir para ver el pecado desde el punto de vista humano, que el Salmo 51:

> Ten piedad de mí, oh Dios,
> conforme a tu misericordia;
> conforme a la multitud de tus piedades
> borra mis rebeliones.
> Lávame más y más de mi maldad,
> y límpiame de mi pecado.
> Porque yo reconozco mis rebeliones,
> y mi pecado está siempre delante de mí.
> Contra ti, contra ti solo he pecado,
> y he hecho lo malo delante de tus ojos;
> para que seas reconocido justo en tu palabra,
> y tenido por puro en tu juicio.
> He aquí, en maldad he sido formado,
> y en pecado me concibió mi madre.
> He aquí, tú amas la verdad en lo íntimo,
> y en lo secreto me has hecho comprender sabiduría.
> Purifícame con hisopo, y seré limpio;
> lávame, y seré más blanco que la nieve.

Hazme oír gozo y alegría,
y se recrearán los huesos que has abatido.
Esconde tu rostro de mis pecados,
y borra todas mis maldades.
Crea en mí, oh Dios, un corazón limpio,
y renueva un espíritu recto dentro de mí.
No me eches de delante de ti,
y no quites de mí tu santo Espíritu.
Vuélveme el gozo de tu salvación,
y espíritu noble me sustente.
Entonces enseñaré a los transgresores tus caminos,
y los pecadores se convertirán a ti.
Líbrame de homicidios, oh Dios,
Dios de mi salvación;
cantará mi lengua tu justicia.
Señor, abre mis labios,
y publicará mi boca tu alabanza.
Porque no quieres sacrificio, que yo lo daría;
no quieres holocausto.
Los sacrificios de Dios son el espíritu quebrantado;
al corazón contrito y humillado
no despreciarás tú, oh Dios.
Haz bien con tu benevolencia a Sión;
edifica los muros de Jerusalén.
Entonces te agradarán los sacrificios de justicia,
el holocausto u ofrenda del todo quemada;
entonces ofrecerán becerros sobre tu altar.

Este Salmo nos permite un breve vistazo a la forma en que David veía su pecado. Pero es imposible que usted llegue a comprender jamás el Salmo 51, a menos que vea cómo hizo Dios que David viera su pecado desde el punto de vista divino, que era totalmente distinto al suyo.

Dios hizo que David fuera consciente de su pecado. Él nunca lo habría visto, si Dios no le hubiera dado esa comprensión acerca de él. Dios es el que concede el arrepentimiento. Muchas veces yo he clamado: «Dios mío, concédele a tu pueblo la capacidad necesaria para comprender y arrepentirse. Si tú no nos mueves al arrepentimiento, nosotros seguiremos por nuestros propios caminos. Si tú no intervienes en nuestra vida, nosotros seguiremos en nuestro pecado».

El Salmo 51 es la respuesta de David cuando se dio cuenta de que Dios lo estaba ayudando a comprender que su pecado era muchísimo más grave de lo que él pensaba. Este pasaje se refiere a su pecado contra Betsabé y contra su esposo Urías (2 Samuel 11:3-26; 12:9-10). Pero tenemos que recordar que cuando Dios envió a Natán para que llevara convicción al corazón de David, es probable que ya hubiera pasado todo un año después que David cometió su crimen. El hijo de su pecado de adulterio ya había nacido cuando Natán se acercó a David. Este había estudiado ya en su corazón cómo resolver el asunto de su pecado contra Betsabé. Había preparado un plan por medio del cual podría matar al esposo de esta en la guerra, y después de un período normal de luto, llevársela consigo como una de sus esposas. Solo después de ese largo proceso,

Dios le envió por fin a Natán para decirle: «Tú eres aquel hombre» (2 Samuel 12:7). Le había dado más de un año para arrepentirse, pero él no lo había hecho. Si Dios no le hubiera cortado el paso, es probable que nunca se hubiera arrepentido.

Sin embargo, Dios conocía la esencia misma del corazón de David. Y es como si estuviera diciendo: «David me lleva en el corazón. El pecado lo ha cegado; ha distorsionado su razonamiento. Ha hecho lo que sé que siempre hace. Pero yo conozco el corazón de David, y si lo enfrento a su pecado y le hago sentir convicción a causa de él, se va a arrepentir y va a volver a mí, y él mismo va a ser la persona que yo estoy buscando».

Pero oiga ahora el clamor de David. Esto es lo que dice: «Ten piedad de mí, oh Dios» (Salmo 51:1). Este pasaje nos da una imagen detallada de lo que es el arrepentimiento genuino.

¿Qué es la misericordia? Cuando David dijo: «Ten piedad de mí, oh Dios, conforme a tu misericordia; conforme a la multitud de tus piedades» (Salmo 51:1), estaba indicando que quería que Dios se enfrentara a su pecado. ¿Cómo define usted la misericordia? Bien, yo comprendo la misericordia en el sentido de que Dios no me da lo que me merezco en justicia. La misericordia consiste en que Dios no hace lo que tiene derecho de hacer inmediatamente. ¿Quisiera que Dios le diera lo que se merece en toda justicia?

¿Qué merecía recibir David de Dios en toda justicia? La muerte. Su pecado merecía una muerte inmediata. Cuando vamos a otro pasaje, eso es precisamente lo que Natán le dijo a David: «También Jehová ha remitido tu pecado; no morirás»

La misericordia
consiste en que Dios
no hace lo que tiene
derecho de hacer
inmediatamente.
¿Quisiera que
Dios le diera lo que se
merece en toda
justicia?

(2 Samuel 12:13). Es como si le estuviera diciendo: «Dios te ha perdonado tu pecado, y no morirás. David, habrías podido morir. Dios habría sido absolutamente justo si lo hubiera hecho. David, tienes que ver tu pecado desde la perspectiva de Dios».

El primer clamor de David fue: «Ten piedad de mí, oh Dios». A medida que continuó desarrollando sus pensamientos a lo largo del Salmo, usó una serie de términos distintos. Dijo: «Borra mis rebeliones» (Salmo 51:1). Casi puedo oír que dice: «Señor, violé unas directrices muy claras. Tú dijiste: "No cometerás adulterio", y yo lo cometí. Estaba muy claro en tu Palabra, y yo la violé. Señor, ¿querrías borrar mis rebeliones?». Si Dios no se enfrentaba al pecado de David, todo habría terminado para él. Había violado un claro mandamiento de Dios.

Dios no es solo un amoroso Padre que está en los cielos; también es un Dios santo y justo. Cada vez que aquellos que usan su nombre violan algo de lo que Él ha dicho, esto se refleja en su nombre. Lo vacía de su santidad y su justicia.

Una de las cosas que más me detenían para que no me descarriara cuando era joven, era mi santo padre tan amado por mí, que era diácono y laico. Él llevó más personas a Jesús que ningún otro que haya conocido, incluyéndome a mí mismo. Trabajaba en el mundo de los negocios, pero fue uno de los hombres más santos que he conocido jamás. Yo sabía cómo mi padre había pagado el precio por ser íntegro y justo en medio del mundo de los negocios.

Un día se nos acercó a mí y a mis dos hermanos y nos dijo: «Muchachos, quiero que sepan que me he pasado toda una vida levantando el prestigio de mi nombre, y dondequiera que vayan lo llevan consigo. Me ha costado la vida poner integridad en ese nombre; ahora son ustedes los que lo llevan consigo». Cuando me sentía tentado y me habría podido descarriar, pensaba en mi amado padre y decía: *No le puedo hacer eso a él. Llevo su nombre, y él tiene renombre como negociante cristiano piadoso. No le puedo hacer eso.*

Si hubiera pecado sin preocuparme por el nombre que llevo, le habría causado a mi padre la angustia más profunda posible, porque él trataba de honrar a su Señor con su manera de vivir. Él me confió su nombre a mí. Si así es como me sentía con respecto a mi padre de la tierra, ¿cuánto más serias deberían ser las cosas con mi Padre celestial? Él entregó su vida en la vida de su Hijo para decirle al mundo que el pecado es algo muy serio para Él. Le costó su Hijo arreglar el problema del pecado en el mundo. Que yo pecara sin que Él me importara, sería un fuerte golpe a mi relación con Él. Dios no se toma eso a la ligera. Cada vez que llevo su nombre y su vida por un camino de pecado, hago que muchos otros seres humanos tengan una comprensión equivocada de su santidad.

Un pastor amigo mío estaba muy activo en la labor de ayudar a otros a saber cómo vivir en Cristo, pero comenzó a tener una aventura amorosa con una mujer de su iglesia. Otro amigo y un servidor fuimos a verlo enseguida, y con toda la urgencia de nuestros corazones le pedimos que se apartara de su pecado. Él no tuvo en cuenta nada de lo que le aconsejamos. No solo continuó en esa relación, sino que se divorció de su esposa, dejó la iglesia donde estaba pastoreando, les creó una gran tragedia a la iglesia y un gran dolor a sus hijos, y terminó casándose con aquella mujer. Pocos años más tarde, yo estaba dirigiendo una conferencia donde hablaba de negarse a sí mismo, tomar su cruz y seguir a Cristo. Él asistió a esa conferencia. De alguna forma, Dios usó aquellos mensajes para producir una gran convicción en él. Me dijo: «Tengo que hablar con usted». Nos apartamos y él se echó a llorar, mientras me decía: «Henry, esta es la primera vez que reconozco esto ante alguien. He pecado gravemente contra Dios. He deshonrado a mi Señor. He pecado contra mi esposa, mis hijos y el pueblo de Dios. ¿Quiere orar por mí?».

Yo le respondí: «Hermano mío, sí voy a orar. Pero déjeme decirle cómo voy a orar. Así es como voy a orar por usted. Voy a orar para que Dios lo perdone ahora que vuelve a Él, pero que lo trate de tal forma que todo el que vea lo que Él haga se sienta disuadido para siempre hasta de pensar en cometer este doloroso pecado». Se le demudó el rostro. Me volví a él y le dije: «Me siento mucho más preocupado por el nombre de Dios que por el suyo. Me siento mucho más preocupado por restaurarle la honra al nombre de Dios en los corazones de las personas que por la restauración de su vida. Lo estimo, pero quiero que sepa que me importa muchísimo más lo que usted le ha hecho a Dios».

David comprendió el pecado desde la perspectiva de Dios, y por eso el clamor de su corazón estaba lleno de una comprensión total. Su grito fue: «Borra mis rebeliones», y después dijo: «Lávame más y más de mi maldad, y límpiame de mi pecado» (Salmo 51:2).

A partir del versículo 7 del Salmo 51, dice:

Purifícame con hisopo, y seré limpio;
lávame, y seré más blanco que la nieve.
Hazme oír gozo y alegría,
y se recrearán los huesos que has abatido.
Esconde tu rostro de mis pecados,
y borra todas mis maldades.

Crea en mí, oh Dios, un corazón limpio,
y renueva un espíritu recto dentro de mí.
No me eches de delante de ti,
y no quites de mí tu santo Espíritu.

SALMO 51:7-11

Así es como uno se arrepiente de todos sus pecados. ¿Ve esos pecados desde el punto de vista divino? Así los veía David. Una vez más parece estar utilizando todas las posibilidades del lenguaje humano para clamar a Dios y decirle desde el corazón: *Dios mío, mi pecado desde tu perspectiva es algo tan doloroso, que voy a clamar a ti con cada onza de mi ser hasta saber que te has ocupado de mí de una manera total y absoluta.* Observe lo que dice: «Entonces enseñaré a los transgresores tus caminos, y los pecadores se convertirán a ti» (Salmo 51:13). Cuando enderezo mi vida delante de Dios, se convierte en un camino por el cual Él puede ir a convencer a otros de su pecado y llevarles convicción.

Cuando yo enderezo mi vida delante de Dios, se convierte en un camino por el cual Él puede ir a convencer a otros de su pecado y llevarles convicción.

Después dice: «Porque no quieres sacrificio, que yo lo daría; no quieres holocausto. Los sacrificios de Dios son el espíritu quebrantado; al corazón contrito y humillado no despreciarás tú, oh Dios» (Salmo 51:16-17). Su espíritu quedó totalmente destrozado cuando vio su pecado desde la perspectiva de Dios.

Pero hizo dos cosas más. En el Salmo 51:3-4, dijo: «Porque yo reconozco mis rebeliones, y mi pecado está siempre delante de mí. Contra ti, contra ti solo he pecado, y he hecho lo malo delante de tus ojos». ¿Dónde cometió David su pecado, según este texto bíblico? Delante de los ojos de Dios. Con Dios observándolo, y él sabiendo que Dios lo estaba viendo, pecó deliberadamente. Ahora reconocía que lo sabía. No inventó excusas, ni buscó justificaciones. Se limitó a decir: «Mientras tú me observabas, yo quebranté la orientación tan clara que me habías dado y, Dios mío, pequé contra ti, y contra ti solamente. Que se te encuentre justo cuando hables, y sin falta alguna cuando juzgues. Dios mío, todo lo que tú hagas con respecto a mi pecado va a ser absolutamente justo. Tienes toda la razón. Tienes derecho a hacer lo que quieras, porque el pecado es algo muy serio para ti».

Recuerde lo que hizo Dios; hizo dos cosas importantes. Le dijo: «Por lo cual ahora no se apartará jamás de tu casa la espada, por cuanto me menospreciaste, y tomaste la mujer de Urías heteo para que fuese tu mujer» (2 Samuel 12:10). A lo largo de todos los evangelios, Jesús enseñó: «Con la *medida* con que medís, os será *medido*» (Marcos 4:24, cursiva del autor). Esta es la perspectiva del Nuevo Testamento. Yo expresaría de esta forma las palabras de Dios: «David, tú tomaste la vida de Urías por medio de la espada de los amonitas. Ahora, yo no voy a dejar que la espada se aparte de tu hogar. Toda tu familia va a experimentar la presencia de espada en su vida a causa de tu pecado. Y en segundo lugar, David, aunque no te voy a matar, sí voy a matar al niño que ha nacido por causa tuya». ¿Hasta qué punto es serio el pecado desde el punto de vista de Dios?

Cuando miramos nuestro pecado, tendemos a cubrirlo. Decimos: *Al fin y al cabo, no es tan malo. Dios es amor. Él no me trataría de esa forma.* Si mira las Escrituras desde el punto de vista de Dios, tendrá que clamar a Él de la misma forma que lo hizo David. El Salmo 51 nos dio el punto de vista de David; ahora quiero que mire ese mismo pecado desde el punto de vista de Dios.

EL PECADO DESDE EL PUNTO DE VISTA DE DIOS

La perspectiva divina con respecto al pecado de David aparece en 2 Samuel 12. En este capítulo, va a ver y comprender por qué David clamó a Dios con tanta profundidad, porque ahora estaba viendo su pecado desde el punto de vista divino. Recuerde que es probable que hubiera pasado ya todo un año, y David aún no se había enfrentado a su pecado.

Sospecho que David era como usted y como yo. No veía las consecuencias inmediatas, así que no le respondía a Dios. Si nosotros no vemos las consecuencias inmediatas de nuestro pecado, nos parece que no tenemos problema alguno con Él. Si Él no viene y se nos enfrenta con severidad cuando sabemos que hemos pecado, es probable que demos por sentado que lo que hicimos no debe ser malo puesto que nuestro pecado no ha tenido ningún tipo de consecuencias. Pero no tenemos que esperar las consecuencias; la Palabra de Dios nos puede decir si nuestro acto es bueno o no, si es pecado o no, y nos podemos enfrentar a él inmediatamente. No deje que se ponga el sol sobre el pecado en su vida. No dé por seguras la misericordia y la gracia de Dios. Enfréntese enseguida al pecado.

En muchos sentidos, tenemos ventaja sobre David, aunque él tuvo el mismo Espíritu Santo. Dios nos ha dado en estos tiempos actuales al Espíritu Santo, cuya labor consiste en asegurarse de que tengamos convicción constante cuando pequemos. El don del Espíritu de Dios es para ayudar a los suyos a saber cuándo han pecado. Él nos va a traer a la memoria las Escrituras y nos va a recordar las normas de Dios. Nos va a convencer de nuestro pecado y nos va a suplicar que arreglemos las cosas con Él.

Quiero que vea por qué David llegó a clamar de esa manera con todo el corazón. Natán le relató la historia de un hombre pobre que solo tenía una hermosa corderita. Un rico que tenía muchas ovejas tomó la corderita del pobre. Y David dijo: *El que tal hizo, es digno de muerte.*

Entonces Natán le respondió: «Tú eres aquel hombre» (2 Samuel 12:7).

Lo que Dios dijo a continuación es de máxima importancia, porque es mucho más serio para nosotros que para el propio David. Dios puso el pecado de David en el contexto de su gracia. Mientras más haga Dios por nosotros, peor será nuestro pecado.

¿Qué era David antes que Dios lo hiciera rey? Un pastor. ¿Qué distancia recorrió David, llevado por Dios, desde ser un simple pastor hasta convertirse en rey de todo el pueblo? Dios nunca había sido tan bueno con nadie sobre la faz de la tierra, como lo fue con David. Así que antes de dejarle ver la gravedad de su pecado, le recordó el contexto de ese pecado. He aquí mi paráfrasis de los versículos ocho y nueve:

David, yo te ungí para que fueras rey de Israel, y te libré de la mano de Saúl. No te escapaste porque tuvieran una gran habilidad para alejarte de Saúl. Yo intervine personalmente y te mantuve alejado de él. Te di la casa de tu amo y sus esposas para que las guardaras. Y te di la casa de Israel y la de Judá. Y como si hubiera sido poco, te habría dado mucho más. David, no hay nada que yo te hubiera negado. Ahora, has pecado contra el fondo de toda mi bondad hacia ti. David, eso hace que tu pecado sea mucho peor que el de cualquier otro, porque yo nunca había hecho esto por ninguna otra persona, y lo hice por ti, David, así que cuando pecaste, lo tuviste que hacer con conocimiento de todo lo que yo había hecho por ti.

Entonces dijo Natán acerca del pecado de David: «¿Por qué, pues, tuviste en poco la palabra de Jehová, haciendo lo malo delante de sus ojos?» (2 Samuel 12:9). Dios estaba diciendo: «David para cometer el pecado que cometiste de una manera tan atrevida, tuviste que despreciar todas mis enseñanzas».

Tal vez usted diga sobre su pecado: «Dios mío, yo no desprecié tus enseñanzas. Solo caí en un momento de debilidad».

Eso es lo que usted ve desde su perspectiva, pero mírelo desde la de Dios. Él dice que un cristiano para pecar voluntariamente lo tiene que hacer en contra de todo lo que ha estado haciendo su Espíritu para enseñarle sus caminos. Dios nos dio al Espíritu Santo para que fuera nuestro maestro —para que nos guiara a toda verdad— y nos lo enseñara todo. Tenemos las Escrituras en una buena cantidad de traducciones. Nuestro pecado no tiene excusa. Tenemos toda la gracia de Dios a nuestra disposición.

Dios me puso en una familia piadosa. Mis dos abuelas por ambas partes de la familia eran mujeres piadosas. Me dio una madre y un padre que caminaban con Él de todo corazón. Ellos fueron los que fijaron el rumbo de mi vida, me protegieron y me llevaron a conocer al Señor. El tío que me bautizó era misionero en el gran Avivamiento de Shantung. Tenía todo ese fondo de piedad. Varios parientes míos se graduaron en la universidad de Spurgeon, en Londres. Fundaron iglesias bautistas en toda Inglaterra. Tengo una herencia enorme. ¿Puede usted comprender que cuando yo peco, lo hago contra el telón de fondo de la bondad divina? Los efectos son gigantescos. Necesitamos orar para que Dios mantenga mi corazón leal a Él. Dios me ha permitido ocupar muchos puestos públicos; si yo pecara, ¿se puede imaginar la tragedia que sería esto para los que conocen mi vida? Ore por mí, para que me mantenga fiel al Señor.

Mientras leo esto, he estado temblando ante el Señor, porque Él vio el pecado de David contra el telón de fondo de su gracia. Pero usted y yo tenemos mucho más de lo que tenía David, porque sabemos lo que sucedió en la cruz de Jesucristo. Sabemos que el Hijo de Dios, aunque era rico, se hizo pobre para que nosotros, por medio de su pobreza, pudiéramos ser enriquecidos (2 Corintios 8:9). Sabemos que «de tal manera amó Dios al mundo, que ha dado a su Hijo unigénito» (Juan 3:16). Sabemos más de lo que sabía David. Sabemos que a Dios le costó la vida de su Hijo proporcionarnos a nosotros la libertad del pecado. Y sabemos también que Dios lo levantó de entre los muertos, y ahora Él está intercediendo por nosotros a la diestra del Padre. ¿Sabía que no hay uno solo de nosotros que peque durante su vida y no lo haga contra la intercesión del Señor Jesús, quien se halla constantemente a la diestra del Padre intercediendo por nosotros? Pecamos contra mucho más de la gracia de Dios que cuanto David conoció jamás. ¿Acaso es esto algo serio para Dios?

Pecamos contra mucho más de la gracia de Dios que cuanto David conoció jamás. ¿Acaso es esto algo serio para Dios?

Necesitamos ver algo más en este pasaje de 2 Samuel 12:10. Esto es lo que Él dijo: «Por lo cual ahora no se apartará jamás de tu casa la espada, por cuanto me menospreciaste». Dios estaba diciendo que un hijo suyo, para pecar deliberadamente, tiene que despreciarlo a Él para poder hacerlo. Ahora bien, tal vez tanto su corazón como el mío razonen: *Así no es como yo lo veo.* No importa cómo nosotros lo veamos; lo que importa es cómo lo ve Dios. El pueblo de Dios nunca tendrá avivamiento si no vemos antes lo terrible que es nuestro pecado, tal como Dios lo ve. Este asunto no tiene nada de insignificante para Él.

Para pecar, David tuvo que despreciar los mandamientos de Dios; sus enseñanzas. Y a todo el conocimiento de David, nosotros añadimos cuanto conocemos por los evangelios y por todo el Nuevo Testamento. Para continuar en nuestro pecado, tenemos que despreciar todo el Nuevo Testamento. Dios dijo: «Me menospreciaste, David» (2 Samuel 12:10). Pero hay un momento más tierno aun que me ha robado el corazón al ver todo esto desde el punto de vista de Dios.

Lea conmigo el versículo 12 y el texto que le sigue: «Porque tú lo hiciste en secreto; mas yo haré esto delante de todo Israel y a pleno sol». Es mucho más serio que peque un líder que una persona común y corriente, debido a la influencia que el líder tiene sobre muchos. Cuando un líder peca, muchas veces Dios no lo esconde, sino que lo proclama desde los tejados. «Entonces dijo David a Natán: Pequé contra Jehová. Y Natán dijo a David: También Jehová ha remitido tu pecado; no morirás. Mas por cuanto con este asunto hiciste blasfemar a los enemigos de Jehová, el hijo que te ha nacido ciertamente morirá. [David, tu pecado les dio ocasión a todos mis enemigos para blasfemar contra mi nombre]» (2 Samuel 12:13-14).

Cuando yo leí esto, lloré y lloré, mientras decía: «Dios mío, te amo con todo el corazón».

Pero Dios me respondió: «Entonces, resuelve el asunto de tu pecado, porque hay enemigos míos que solo están esperando hallar a alguno de mis hijos pecando. Y cuando vean tu pecado o el pecado de una iglesia, esto les va a dar una excelente oportunidad para blasfemar contra mi nombre».

Yo le dije: «Señor, no sabía que esto era tan serio».

«Yo sé que no lo sabías», me respondió. «De haberlo sabido no habrías seguido pecando como lo hiciste».

Si usted no arregla su situación con su hermano, estará pecando contra Dios y haciendo que sus enemigos blasfemen contra su nombre.

No les dé ocasión a los enemigos de Dios para que blasfemen contra Él por su forma de comportarse. Usted ha recibido la norma de amar a su hermano; de preferirlo por encima de usted mismo. Lea Filipenses 2:5: «Haya, pues, en vosotros este sentir que hubo también en Cristo Jesús». Permita que su hermano ocupe un puesto más prominente. Permita que se convierta en presidente del comité. Sea usted un siervo experto. No les dé ocasión alguna a los enemigos de Dios para blasfemar contra su nombre.

No les dé ocasión a los enemigos de Dios para que blasfemen contra Él por su forma de comportarse.

«Dios mío, no permitas que mi vida les dé a tus enemigos ocasión alguna de blasfemar contra tu nombre». He estado llorando con todo el corazón ante Dios, diciendo: «Dios mío, no permitas que salga de mis labios ninguna palabra ociosa. No permitas que tenga un momento de descuido en el cual salga de mis labios algo que ofenda grandemente y haga que tus enemigos digan: "Ahora sí que tenemos algo. ¿Qué clase de Dios es ese que no lo ayuda a llevar una vida de santidad?"». Y oro pidiendo: «Dios mío, ayúdame a recordar siempre mi pecado tal como tú lo ves; no como lo veo yo, sino como lo ves tú».

Tal vez esté pensando: *Pero Henry, esa manera de pensar era solo para el Antiguo Testamento.*

En el Nuevo Testamento hay un pasaje que le dice que el pecado de un cristiano en el Nuevo Testamento entristece mucho más a Dios que el de David. En Hebreos 10, a partir del versículo 26, tenemos lo que pesa en el corazón de Dios. El pecado consiste en no hacer lo que el Espíritu de Dios nos dice que debemos hacer; no caminar por fe cuando Él está tratando de lograr que confiemos en Él a fin de podernos manifestar su grandeza a sus hijos; rebelarnos contra las órdenes de Dios, simplemente al no tratar siquiera de saber lo que somos o al tratar de justificarnos ante Él.

«Porque si pecáremos voluntariamente después de haber recibido el conocimiento de la verdad, ya no queda más sacrificio por los pecados, sino una horrenda expectación de juicio, y de hervor de fuego que ha de devorar a los adversarios» (Hebreos 10:26-27). Aquí, Él no está hablando de las almas perdidas, sino de su pueblo. Básicamente, lo que dijo Jesús es: «Si ustedes no van conmigo, van en contra mía». Si a propósito no está buscando dónde está obrando Dios para unírsele, se está moviendo también deliberadamente en su contra.

«El que viola la ley de Moisés, por el testimonio de dos o de tres testigos muere irremisiblemente. ¿Cuánto mayor castigo pensáis que merecerá el que pisoteare al Hijo de Dios, y tuviere por inmunda la sangre del pacto en la cual fue santificado, e hiciere afrenta al Espíritu de gracia?» (Hebreos 10:28-29). Se trataba de miembros del pueblo de Dios. ¿Cuán mayor le parece que fuera el castigo que se consideraba que merecían recibir? Después, el escritor de Hebreos describe la forma en que Dios ve los pecados cometidos por el cristiano en el Nuevo Testamento. Me dice que hay tres formas en que Dios afirma ver mi pecado. Me dice: «Henry, para pecar tendrás que pisotear al Hijo de Dios bajo tus pies. Le tendrás que pasar por encima al Hijo de Dios para hacerlo. En segundo lugar, tendrás que tratar como algo inmundo la sangre del pacto que te apartó y santificó como hijo de Dios. Y en tercer lugar, vas a tener que insultar al Espíritu de Gracia».

Es una pasmosa afirmación sobre la forma en que Dios ve nuestro pecado. ¿Cuán peor le parece que será el castigo del que se considerará merecedores a los que hayan pisoteado al Hijo de Dios bajo sus pies, tenido por inmunda la sangre del pacto por la cual fueron santificados, e insultado al Espíritu de Gracia? «Mía es la venganza, yo daré el pago, dice el Señor. Y otra vez: El Señor juzgará a su pueblo» (Hebreos 10:30). Es muchísimo más serio que peque un cristiano que un incrédulo, porque nosotros para pecar tenemos que hacerlo contra el conocimiento de la verdad. Continuar en nuestro pecado significa para nosotros que tendremos que pisotear bajo nuestros pies al Hijo de Dios, y que tendremos que tratar como inmunda la sangre del pacto que nos apartó como posesión de Dios. También tendremos que insultar al Espíritu de Gracia que nos ha estado diciendo que eso es pecado y que necesitamos tener cuidado.

Termina diciendo: «¡Horrenda cosa es caer en manos del Dios vivo!» (Hebreos 10:31). Dios está hablando de nosotros. ¿Ve usted su pecado desde el punto de vista de Dios? El avivamiento espera a que aquellos que formamos el pueblo de Dios digamos:

Dios mío, perdóname. Señor, ¿qué te he hecho, qué le he hecho a tu Hijo? ¿Cómo es posible que haya seguido practicando el pecado, a sabiendas de que es pecado, a sabiendas de que no era lo que tú me pedías, a sabiendas de que no estaba caminando por fe, sino que estaba haciendo que otros tampoco caminaran por fe? ¿Cómo es posible que haya hecho esto en presencia de todo lo que tú me has mostrado? Habría tenido que rechazar toda tu gracia para hacerlo. ¿Cómo es posible que le haya dicho a mi iglesia: «Dios no va a proveer», y haya desalentado los corazones de los que forman un pueblo para que no dieran un paso en fe? ¿Cómo es posible que haya hecho eso en presencia de todo lo que tú has dicho acerca de tu gracia? Y así hice tropezar a otros.

Es inevitable que la gente experimente ciertas ofensas, pero probablemente la declaración más severa de cuantas hizo Jesús, en mi opinión esta: «Y cualquiera que haga tropezar a alguno de estos pequeños que creen en mí, mejor le fuera que se le colgase al cuello una piedra de molino de asno, y que se le hundiese en lo profundo del mar. ¡Ay del mundo por los tropiezos! porque es necesario que vengan tropiezos, pero ¡ay de aquel hombre por quien viene el tropiezo!» (Mateo 18:6-7).

¿Sabía usted que si habla en una reunión de negocios de una iglesia donde se hallen presentes algunos creyentes jóvenes, y deja la impresión de que Dios no es capaz de ayudar a esa iglesia a hacer su voluntad, y así ofende a algunos de esos creyentes, alejándolos de la confianza en Dios, «mejor le fuera», dice Dios, «que se le colgase al cuello una gran piedra de molino, y que se le hundiese en lo más profundo del mar». Y a continuación dice: «Por tanto, si tu mano o tu pie te es ocasión de caer, córtalo y échalo de ti; mejor te es entrar en la vida cojo o manco, que teniendo dos manos o dos pies ser echado en el fuego eterno. Y si tu ojo te es ocasión de caer, sácalo y échalo de ti; mejor te es entrar con un solo ojo en la vida, que teniendo dos ojos ser echado en el infierno de fuego» (Mateo 18:8-9). No estoy diciendo que vaya a perder su salvación eterna. Solo estoy citando lo que dijo Jesús.

¿Hasta qué punto es serio todo esto? Sigue siendo cierto lo que dice 2 Crónicas 7:14: «Si se humillare mi pueblo, sobre el cual mi nombre es invocado, y oraren, y buscaren mi rostro, y se convirtieren de sus malos caminos; entonces yo oiré desde los cielos, y perdonaré sus pecados, y sanaré su tierra».

Es necesario que aquellos que pertenecen al pueblo de Dios digan: «Dios mío, ese soy yo. Dios mío, he pecado». Tienen que orar, buscar su rostro y clamar como lo hizo David, y después apartarse de inmediato de sus caminos de maldad.

Amado miembro del pueblo de Dios, escuche, por favor. Dios quiere ver a su pueblo reconociendo que su pecado es tan serio como Él dice que es. Quiere oír que estamos decididos a que el pecado no reine en nosotros. Quiere vernos de rodillas, clamando a Él de esta forma:

Dios mío, perdóname. Señor, no he sido el padre que habría debido ser para mis hijos, y sé lo que debo ser, pero he apagado a tu Santo Espíritu cuando me has dicho que guíe a mis hijos. Dios mío, tú me has dicho que debo orar y que el cielo me oirá, pero yo no he orado. Oh Señor, tú me has dicho que salga a hablar con los que no te conocen, pero no lo he hecho. Dios mío, me has dicho que busque tus caminos, y no los he buscado. Señor, he pecado contra ti. Pero Dios mío, si tienes misericordia de mí y no me das lo que justamente merezco a causa de todo esto, Señor, te voy a servir con todo el corazón.

Las Escrituras dicen que si respondemos así, Dios nos va a escuchar desde el cielo y va a perdonar nuestro pecado. Y, ¿sabe usted lo que sucederá después? Que comenzará a producirse la gran sanidad de los Estados Unidos. Cuando regrese el pueblo de Dios la presencia que lo llenará va a ser tan poderosa en las manos de Dios que serán multitudes los que caerán bajo convicción de su pecado, porque verán que el pueblo de Dios actúa con seriedad con respecto al suyo. Entonces dirán: «Si el juicio está comenzando por la casa de Dios, ¿qué posibilidades nos quedan a nosotros?».

Es asombroso que en el gran avivamiento de Gales —cuando cien mil personas llegaron al conocimiento del Señor en el término de seis meses, y el mundo quedó al revés—, era raro que se oyera un sermón dirigido a las almas perdidas. Los sermones que se predicaban eran para el pueblo de Dios. Pero cuando los que estaban en el mundo vieron que el pueblo de Dios se daba cuenta de lo serio que era tener pecado en su vida, esto los hizo caer bajo una fuerte convicción sobre su propio

> Las Escrituras dicen que si respondemos así, Dios nos va a escuchar desde el cielo y va a perdonar nuestro pecado. Y, ¿sabe lo que sucederá después? Que comenzará a producirse la gran sanidad de los Estados Unidos.

pecado, y los ateos y agnósticos que observaban al pueblo de Dios confesaban sus pecados y enderezaban su vida mientras clamaban: «¡Yo también! Si esa persona clama a Dios y se da cuenta de lo grave que es todo esto, ¿cuánto más necesito yo clamar a Él?» Hay testimonios escritos de agnósticos que se acercaban para conocer a Cristo en medio de una reunión en la cual el pueblo de Dios se daba cuenta de lo serio que era su pecado, y esos agnósticos clamaban a Dios diciendo: «¡Dios mío, ten misericordia de mí! Borra mis rebeliones. Lávame más y más de mi maldad. Límpiame. Ocúpate de mí. Crea en mí un corazón limpio, oh Dios, y renueva un espíritu recto dentro de mí».

Si nosotros clamamos a Dios, no hay duda alguna de que Él va a llenar de repente nuestra vida con su poderosa presencia, y va a responder de inmediato, obrando en nosotros para tocar a otros. Pero mi mayor preocupación en todo esto es lo que le hemos hecho a su nombre. No me arrepiento por lo que el pecado ha hecho a través de mi vida, sino por lo que le ha hecho a Él. «Dios mío, ¿cómo le pude hacer esto a tu Hijo? ¿Cómo se lo pude hacer a tu Santo Espíritu? ¿Cómo te lo pude hacer a ti, que por medio de la sangre de tu Hijo hiciste un pacto conmigo, de manera que yo fuera apartado para ti. ¿Cómo te pude hacer esto a ti? Dios mío, ten misericordia».

Tres

UN CAMINO DE SANTIDAD

Y habrá allí calzada y camino,
y será llamado Camino de Santidad;
no pasará inmundo por él,
sino que él mismo estará con ellos;
el que anduviere en este camino, por torpe que sea,
no se extraviará.
No habrá allí león,
ni fiera subirá por él,
ni allí se hallará,
para que caminen los redimidos.
Y los redimidos de Jehová volverán,
y vendrán a Sión con alegría;
y gozo perpetuo será sobre sus cabezas;
y tendrán gozo y alegría,
y huirán la tristeza y el gemido.

ISAÍAS 35:8-10

Este momento en que Dios le habló a Isaías fue maravilloso. Isaías habla de un tiempo en el cual Dios abriría una calzada que sería llamada *Camino de Santidad*. La agenda de Dios no ha cambiado. La santidad es un camino para Dios. Él me ha ayudado a comprender en algo lo que esto significa. He observado la forma en que Él obra en mi propia vida, pero también lo he visto crear un camino por el cual Él mismo va pasando.

AVIVAMIENTO EN BROWNWOOD

En 1996 estuve en Brownwood, estado de Texas, con el pastor John Avant. Pasamos cuatro días maravillosos en la presencia de Dios. La santidad era muy evidente allí. Las personas que estaban presentes no podían permanecer de ninguna forma ante la santidad de Dios sin confesar al instante unos enormes pecados, en unos ambientes que no eran normales para ellos. A la mañana siguiente, cuando John llegó a su oficina, uno de sus laicos estaba de pie junto a su puerta llorando y diciéndole: «Pastor, me tengo que arrepentir». Había grandes dimensiones de su vida que habían quedado radicalmente al descubierto. El domingo por la noche fueron quizá veinte clases distintas de iglesias las que cancelaron espontáneamente sus cultos para acudir al lugar en el que Dios se estaba moviendo. Si les hubiéramos preguntado, ellos no habrían podido decirnos por qué habían venido. Era la presencia de Dios la que los había atraído. Y cuando se invitó al altar de manera espontánea, se produjeron un llanto y un quebrantamiento totales ante el Señor. Aunque la gente procedía de denominaciones distintas, parecía como si fueran un solo pueblo, con una terrible sensación de lo que significa comparecer ante la presencia de un Dios santo: en su presencia, todo pecado queda al descubierto.

¿Me atrevo a decirle que dondequiera que usted se encuentre, no se halla ante la presencia de Dios si el pecado no queda al descubierto? Tal vez solo esté practicando religión si no quedan al descubierto los pecados. Cuando se encuentra ante la presencia de un Dios santo, sabe dónde está. Cuando se comparte la Palabra de Dios es distinto a cuando los fariseos compartían las Escrituras. Cuando el Espíritu de Dios toma la Palabra como espada, divide hasta el alma, el espíritu, los huesos y la médula. La Palabra de Dios «discierne los pensamientos y las intenciones del corazón» (Hebreos 4:12) de manera absoluta y le descubre por completo el corazón al Dios santo. Usted lo sabrá cuando el Espíritu de Dios es quien maneja su Palabra.

Dios ha dispuesto que yo tenga que rendir cuentas en mi vida con respecto a esto. Tengo que cerciorarme de rendirle cuentas a Él. Tal vez necesite escudriñar mi propio corazón diciendo: *Henry, no sigas diciendo que es el Espíritu de Dios el que está manejando la Palabra de Dios, si el pecado puede seguir siendo abundante en la vida de todos los que escuchen de ti esa Palabra. No te sigas engañando a ti mismo. Tu vida no es un camino por el cual transita Dios. La vida solo es un camino de santidad cuando la Palabra de Dios actúa como una espada en la mano de su siervo.* Si al predicar nosotros, no queda el pecado al descubierto, hay algo que no anda bien en cuanto a la santidad de nuestra vida. Las Escrituras dicen que cuando Dios abre un camino, es un camino de santidad.

*   *   *   *

Fueron unos cuantos días maravillosos, en los que pasamos un tiempo delante del Señor, abrimos después su Palabra y a continuación vimos cómo se comenzaba a mover de maneras que no había visto nunca antes. Yo había sentido una profunda carga por los estudiantes universitarios. Estuvimos en el recinto de la Universidad Howard Payne durante tres días con sus noches. El martes por la noche, cuando terminamos de presentar la Palabra de Dios, John y yo estuvimos observando, no para ver lo que nosotros podíamos hacer para Dios, sino lo que Él estaba haciendo en medio de su pueblo. John había dicho: «Señor, si hay alguien a quien tú hayas tocado profundamente, que necesite contar lo que le ha sucedido, ¿me lo quieres traer? Yo no lo voy a buscar, no me voy a poner a manipular».

Dos hombres jóvenes se acercaron por iniciativa propia. Estaban quebrantados. Habían estado en un tiempo de oración. Durante varias semanas habían aparecido grupos de oración espontáneos por todo el recinto universitario. Se podía ir a casi cualquier lugar de aquel recinto y encontrar a alguien orando. En todos los dormitorios, sin anuncios de ningún tipo, había grupos de oración. Algunos de ellos duraban toda la noche, hasta el amanecer. Deben haber sido cerca de veinte los estudiantes que me hablaron acerca de distintos grupos de oración que se estaban reuniendo, para preguntarme si me les quería unir. Había algunos en la torre, uno se reunía en un sótano, otro en un dormitorio y varios en la capilla. Había una sensación espontánea de que Dios, en su santa presencia, había escogido estar allí.

El martes por la noche, cuando terminamos de hablar, les preguntamos a aquellos dos jóvenes si querían decir algo. Ambos eran destacados líderes de los estudiantes. Uno de ellos comenzó sumamente quebrantado. Dijo que había estado esclavizado a la pornografía y la lujuria. Casi se pudo oír un sofocado grito de asombro, porque aquellos jóvenes habían sido admirados como líderes. Ellos comenzaron a abrir su corazón, explicando que su vida había sido impura y que esto había acabado con su oración, y cómo habían hallado una cierta forma de piedad, pero todo el poder había desaparecido. No tenían poder cuando oraban, ni tampoco cuando abrían la Palabra de Dios.

Comenzaron a derramar su corazón ante Dios para pedirle que tuviera misericordia de ellos, los limpiara y los hiciera puros y santos. Con lágrimas de quebrantamiento comenzaron a hablar del profundo anhelo de santidad que había en su vida. Me volví hacia ellos y me limité a decirles: «Entonces, si Dios ha puesto eso en sus corazones, y ustedes han reconocido abiertamente que han pecado de una forma grave contra Él, ¿quieren irse allí a orar? ¿Hay algún otro hombre joven que haya permitido que la pornografía y la lujuria le atrapen la vida y el corazón? ¿Quiere venir a orar?». Aquello comenzó como un río continuo, para después convertirse en una avalancha. Desde todos los rincones de aquel gran auditorio comenzaron a llegar estudiantes, hasta llenar toda la zona de delante de la plataforma, llorando, sollozando y clamando a Dios.

Más tarde, uno tras otro, fueron presentando los increíbles pecados que les tenían atrapado el corazón. Comenzaban diciendo: «He sido cristiano desde que era pequeño. Crecí en la iglesia», o bien, «Mi padre es pastor», o «Soy hijo de misioneros», y después abrían el corazón. Muchos de los hombres jóvenes se volvían a las mujeres jóvenes para decirles: «Aunque en realidad no he tenido relaciones sexuales con nadie, quiero que sepas que te he manchado con mi mente y con mis acciones». Varios de ellos dijeron: «Chicas, les pido que me perdonen. Quiero que sepan que siento mucho lo que he sido y lo que he hecho». Y después de esto, se derrumbaban en la plataforma quebrantados. Los pecados eran increíbles.

Entonces, una atractiva estudiante se acercó y dijo: «Usted está diciendo que solo se trata de los hombres. Pues también las mujeres tenemos lujuria en el corazón». Entonces, para mi asombro, mientras describía con quebrantamiento el pecado que tenía en el corazón, dijo: «Les pido perdón por la forma en que me he vestido. No me he vestido como lo debe hacer una joven cristiana. Les pido a los hombres que me perdonen. Perdónenme, por favor. Mi corazón, mi mente y mi vida han estado llenos de pecado».

Yo le dije: «Quiero que vayas al piano y ores allí. ¿Hay alguna joven más que se sienta cansada de sus pecados y quiera venir a pedirle a Dios que barra su mente, su corazón y su vida? ¿Quiere venir?».

El pastor estaba detrás de una pantalla, y me dijo: «Yo creí haber escuchado una multitud atronadora».

Las jóvenes corrieron hasta la plataforma y comenzaron a sollozar aun antes de llegar a ella. Se acercaron unas a otras llorando.

Allí también había personas mayores, y les dije: «¿Hay alguno de ustedes que necesite venir a orar?». Uno de los hombres que se acercaron era pastor. Su hijo era estudiante de la universidad.

Lo miró y le dijo: «Hijo, yo he sido un modelo ante ti, pero ante Dios y ante todos ustedes, quiero que sepan que yo también he tenido lujuria y pornografía en mi mente y en mi corazón, aun siendo pastor». Entonces dijo: «Hijo, perdona a tu padre. No he sido capaz de ser el líder espiritual que Dios quería que fuera». El quebrantamiento se hizo profundo mientras Dios trataba con él.

Yo le dije: «Caballero, usted necesita venir aquí. Tal vez haya otras personas mayores que quieran venir».

Mientras estaba escuchando, y llorando junto con ellos, pensaba: *El camino de santidad es algo que Dios crea, pero cuando Él crea un camino de santidad, pone al descubierto el pecado, como el fuego purificador.*

Tres horas y media más tarde, dije: «Tal vez haya algunos que necesiten marcharse».

Más tarde, el pastor me dijo: «Henry, hubo gente que estuvo con el rostro en tierra ante Dios durante toda la noche. Nunca se acostaron».

El martes tuvimos un almuerzo y estaba repleto de gente. Deben haber estado presentes unos veinte o veinticinco grupos de distintas denominaciones, gente de negocios y personajes clave. Estábamos a punto de concluir nuestra reunión, cuando este amado pastor dijo muy sabiamente: «Ahora, antes de dar la bendición final, ¿hay alguien que le quiera hablar a Dios para confesarle sus pecados?».

Algunos de los pastores que estaban en ese grupo comenzaron a clamar diciendo: «¡Dios mío, tengo la mente llena de suciedad! ¡Tengo el corazón repleto de pecado y de lujuria!». Estábamos de pie, esperando para terminar, y por todo el lugar hubo gente que comenzó a reconocer que había pecado gravemente contra Dios.

Lo que veo que está sucediendo, es que Dios está creando un *camino de santidad*. Y lo digo con toda la reverencia de mi alma: *¡Los inmundos no pasarán por él!* ¡No pasarán!

Esperé por largo tiempo, y después me quedé para hablarle a la gente. Una pequeña anciana que caminaba con dos bastones se abrió paso débilmente hasta mí. Cuando me miró, le corrían las lágrimas por el rostro. Me dijo: «Tengo ochenta y ocho años, y anhelo la pureza ante Dios más que nada en el mundo entero. ¿Cree usted que Dios me puede limpiar y usar a mis ochenta y ocho años?».

Yo le dije: «Joven, Dios está a punto de darle los mejores días de su vida. Él está creando un camino de santidad para usted».

«Sí», me dijo, «yo anhelo la santidad más que ninguna otra cosa en el mundo».

Lo que veo que está sucediendo, es que Dios está creando un *camino de santidad.* Y lo digo con toda la reverencia de mi alma: *¡Los inmundos no pasarán por él!* ¡No pasarán! Es para otros. ¡Es para los que comprenden la maravillosa santidad de Dios! Creo que tenemos una generación que no tiene experiencia ni punto de referencia alguno con respecto al avivamiento. También tenemos una generación que casi no tiene punto de referencia en cuanto a una experiencia genuina de la santidad de Dios. No se puede hablar de la santidad de Dios sin que al mismo tiempo, el fuego purificador toque cada rincón de la vida, dejándola totalmente descubierta ante Él. Cuando se lee la Palabra de Dios, esta actúa como un martillo. La Palabra de Dios es como un incendio. No nos es posible volvernos hacia ningún lado sin que todo lo que hay en nuestro corazón y nuestra vida quede al descubierto delante de Dios. El Dios santo no se anda con juegos. Si usted tiene un corazón endurecido, puede caminar en su presencia con una mente llena de videos y programas de televisión, sin que esto nunca le moleste; sin más angustia ni dolor, y sin apagar todas esas cosas.

Fiel a la Palabra de Dios

Me hallaba en Nairobi con nuestros misioneros poco después de la crisis de Ruanda y, que yo supiera, estaba tratando de ser fiel a la Palabra de Dios. Todo el que lo oye hablar a uno sabe si viene desde la presencia de Dios. Él no permite que su gente deje de reconocer si se trata de un sermón más, o si son palabras que proceden de Él. Dios va muy en serio. Existe la sensación de que Él está aumentando el hambre y la sed en los corazones de los suyos. Antes de hablar a nombre de Dios, necesitamos que esa Palabra haya inundado nuestro propio corazón y nuestra propia vida.

Tenía todo esto en el corazón y la mente cuando estaba a punto de hablarles a nuestros misioneros de Ruanda. Ellos habían visto cosas horribles. Habían clamado a Dios. Muchos pastores, con sus esposas e hijos, habían sido asesinados. Yo sabía que los misioneros iban de África del Sur a Etiopía. Algunos habían estado encarcelados, otros tenían amigos que habían sido asesinados, y otros habían sido heridos en las refriegas. A una de las esposas de misionero que vinieron, un grupo de soldados le había entrado por la fuerza en su casa. Habían golpeado a su esposo, y después la habían violado a ella repetidamente, mientras sus niños pequeños estaban al fondo de la casa. Ahora se estaba haciendo pruebas para ver si había contraído el SIDA.

No sé qué hará usted, pero yo, cuando le hablo a un grupo de guerreros de primera línea, tiemblo. Dije: «Dios mío, cuando abro este libro, tiemblo. Esta gente tan maravillosa necesita ver tu ardiente santidad, porque están llenos de cuanto el pecado puede hacer. Están sumergidos en todo eso que el pecado puede hacer, pero Dios mío, de alguna forma necesitan permanecer en tu presencia». Así que tomé la Biblia y comencé a hablar. Fue uno de esos pocos momentos tan maravillosos. Yo creo que no va a haber avivamiento si no hay santidad en los líderes. Ninguno. Clame al Señor todo lo que quiera, que no lo va a escuchar. Reúna todas las frases que han dicho los predicadores de avivamiento de generaciones anteriores, y nada de esto va a cambiar lo más mínimo el corazón de Dios. Lo que Él está buscando es la santidad.

Mientras les hablaba a nuestros queridos misioneros, les dije: «¿Quién soy yo para estar aquí?». Era uno de esos momentos en que habría querido que fuera otro el que estuviera hablando, mientras yo escuchaba y lloraba junto con ellos. Pero era yo quien hablaba. Estaba abriendo con fidelidad la Palabra de Dios, tomando sus versículos y diciendo: «¿Ven *este* Dios, lo ven? Es su Dios. Es Él. Y está con ustedes». De repente, uno de los hombres se puso de pie de un salto y comenzó a llorar en medio de mi charla, diciendo: «Señor, necesito santidad en mi vida». Ni siquiera había hablado de la santidad. No la había mencionado. Pero sí lo había llevado a Él hasta la presencia de un Dios santo por medio de su Palabra.

De repente, otros comenzaron a ponerse de pie y a decir: «Yo también pido santidad en mi vida».

Entonces, uno de nuestros misioneros dijo: «Voy a mi casa para tirar a la basura todos los vídeos que tenemos allí. Como no nos llega la televisión, compramos vídeos, y no fuimos nada cuidadosos en cuanto a lo que compramos. Hay muchas cosas que hemos dejado que vean nuestros hijos. Decíamos: "Solo tiene unas cuantas blasfemias, pero la historia es buena"».

Eso es lo mismo que decir *¡No, Señor!* No existe eso de unas cuantas blasfemias y una historia buena. Esas cosas se anulan mutuamente. Cuando uno llena una buena historia de blasfemias, la está destruyendo. He oído decir a muchos pastores: «Bueno, tiene buenas verdades morales, con unas pocas blasfemias por aquí y un poco de pecado por allá». Si usted pone esas cosas en su corazón, le puedo garantizar que Dios no lo va a escuchar cuando ore. En absoluto. Una mente y un corazón impuros no saben ni siquiera cómo orar.

No existe eso de unas cuantas blasfemias y una historia buena. Esas cosas se anulan mutuamente.

He descubierto que no puedo orar cuando hay pecado en mi vida. Sí, puedo reunir unas cuantas palabras, pero en realidad lo que quiero es bajar la cabeza avergonzado y decir: *Dios mío, tú sabes que todo lo que dije fue para cubrir el pecado con el que no estuve dispuesto a enfrentarme en mi vida. Lo dejé moverse con toda libertad en ella, y lo traté de excusar.* Pero el Señor no nos deja hacer esto. Durante todo aquel tiempo con los misioneros hubo una sensación espontánea de estar en presencia de la santidad de Dios, así como un regreso a una vida de piedad y de pureza.

Cuando habían enderezado sus corazones, muchos de ellos se dieron cuenta de inmediato que estaban tratando mal a su esposa, ese santo don de Dios, escogido para ellos desde antes que existiera el mundo.

Yo le dije a mi esposa: «Marilynn, cuando me arrodillé ante el altar para casarme contigo, estaba medio muerto de miedo».

«¿Sí?», me dijo ella, «pues yo no. Yo la estaba pasando muy bien».

Yo le contesté: «Eso me molestaba. Que tú estuvieras pasando un tiempo tan maravilloso».

Entonces ella me dijo: «Bueno, pero ¿por qué te sentías tan asustado?».

«Oh», le dije. «Déjame decirte por qué. ¿Sabes desde cuándo tuvo Dios un propósito para tu vida? ¡Desde antes que fuera hecho el mundo! Cuando eras niña, te puso las Escrituras en el corazón. Hizo que sintieras el llamado a las misiones cuando eras aún muy jovencita y estabas participando en un programa de educación misionera. Te llevó a la universidad y le dio forma a tu vida de manera que fuera para Él, y después tomó esa vida tan tierna, valiosa y pura, y me la dio a mí. Cuando yo estaba en el altar, dije: *Dios mío, ayúdame a guiarla como sierva tuya*». Y después le dije: «Marilynn, dime todos los compromisos que has hecho con Dios en tu vida. Yo me voy a pasar el resto de la mía ayudándote a cumplirlos». Y he considerado su vida como una sagrada encomienda.

Cuando aquellos misioneros entraron a la presencia del Dios santo y estuvieron ante su rostro, Él comenzó a lavarlos con las Escrituras de maneras concretas y profundas, a fin de volver sus mentes, corazones, voluntades y almas contra aquello que tanto lo había ofendido. Los hombres miraban a su alrededor, y en el momento en que sus ojos veían a sus amadas esposas, se echaban a llorar desconsoladamente. Sabían que no las habían tratado bien. De repente, las estaban mirando como una sagrada encomienda que ellos habían manejado mal, y comenzaron a llorar.

He ido viendo con una intensidad creciente que es una necesidad absoluta que el avivamiento venga por el camino que es el *camino de la santidad*. Puesto que Dios es santo, nuestra vida también debe ser santa.

La oración para pedir el avivamiento

He estado en muchas reuniones cuyo enfoque era el clamor por un avivamiento. Mi propio corazón ha estado lanzando ese clamor por el avivamiento desde que era adolescente, y Dios me puso en una nación donde el quebrantamiento por el anhelo de ese avivamiento fue puesto en mi corazón a edad muy temprana.

Cuando oramos para pedir un avivamiento, necesitamos aplicarnos el Salmo 24:

¿Quién subirá al monte de Jehová?
¿Y quién estará en su lugar santo?
El limpio de manos y puro de corazón;
el que no ha elevado su alma a cosas vanas,

ni jurado con engaño.
Él recibirá bendición de Jehová,
y justicia del Dios de salvación.
Tal es la generación de los que le buscan,
de los que buscan tu rostro, oh Dios de Jacob. Selah

Alzad, oh puertas, vuestras cabezas,
y alzaos vosotras, puertas eternas,
y entrará el Rey de gloria.
¿Quién es este Rey de gloria?
Jehová el fuerte y valiente,
Jehová el poderoso en batalla.

Alzad, oh puertas, vuestras cabezas,
y alzaos vosotras, puertas eternas,
y entrará el Rey de gloria.
¿Quién es este Rey de gloria?
Jehová de los ejércitos,
Él es el Rey de la gloria. Selah

SALMO 24:3-10

¿Quién subirá al monte de Jehová? ¿Y quién estará en su lugar santo? «El limpio de manos y puro de corazón; el que no ha elevado su alma a cosas vanas, ni jurado con engaño. Él recibirá bendición de Jehová, y justicia del Dios de salvación» (vv. 4-5).

Estoy profundamente convencido de que ofendemos a Dios si oramos para pedir un avivamiento y no tenemos un corazón limpio. Es casi blasfemo atreverse a entrar en la presencia de un Dios santo y pedirle que nos bendiga, cuando nuestro corazón no está limpio delante de Él. La oración para pedir avivamiento tiene un requisito previo. ¿Quién subirá al monte de Jehová? ¿Y quién estará en su lugar santo? ¿Quién podrá comparecer ante su presencia? ¿Quién podrá entrar en el salón del trono, *el Lugar Santísimo*, como Hebreos 10 lo describe?

Una de las cosas que más están deteniendo el avivamiento y el despertar espiritual es que no queremos ser responsables ante nadie. Leemos la Palabra de Dios, pero no queremos la responsabilidad de ver que se convierta en realidad en nuestra vida. Este texto bíblico dice que si nosotros reunimos en nuestra vida las condiciones de la santidad, Él nos bendecirá.

¿Está usted tratando de ver si hay un toque obvio de Dios por medio de su vida y su ministerio? ¿Ministra semana tras semana, pero no hay nadie en el pueblo de Dios que caiga bajo convicción? ¿Les habla a los líderes de su iglesia, sabiendo que están llenos de pecado y sin embargo, carecen por completo de sentido de lo que es la santidad de Dios? ¿Cómo es posible que tengan delante a un hombre santo y no sientan la presencia de Dios? Las Escrituras dicen que cuando nuestra vida es lo que Dios quiere que sea, va a haber en ella una bendición suya franca y evidente.

Ha habido momentos en los que he llorado y llorado ante el Señor, diciendo: *Señor, no soy más que un pecador en el mejor de los casos, y tú vas a tener que obrar en mi vida hasta que esté por lo menos algo cerca de donde quieres que esté. Voy a saber que tengo una relación correcta contigo, si comienzas a obrar por medio de mi vida para convertir en realidad obvia y franca en los corazones de las personas lo que dijiste que harías.*

Con todo, da la impresión de que no somos capaces de actuar con responsabilidad. Al parecer, no somos capaces de decir: *Bien, ahora voy a ver si está pasando algo, y si no está pasando nada, me voy a sentir profundamente afligido en mi corazón. No voy a poder soportar que Dios no haya hecho una obra en mí para poder hacer su obra también en los corazones de los suyos.*

Son muchos los pastores con los que converso que describen sus iglesias como rebeldes y desorientadas con respecto a Dios. Una de las preguntas que les hago es la siguiente: «¿Qué tiempo lleva usted en esa iglesia?».

Muchos me contestan: «He estado allí cinco; o tal vez siete, diez o quince años».

Les digo: «Entonces la gente de la iglesia es el resultado del caminar suyo con Dios. Usted no habría debido estar con una congregación durante cinco años o más sin que la santidad de Dios descendiera sobre su gente. La santidad de Dios debería ser tan real en su corazón que cuando se levantara para hablar, hubiera en usted una sensación de reverencia santa por haber estado en la presencia divina».

Algunas veces decimos que hemos estado en la presencia de Dios, pero todo lo que Él dice que va a suceder cuando estemos en su presencia está ausente… y nosotros no nos sentimos responsables de que así sea. Creo que ya es hora de que digamos: *Soy yo, Señor.* Si no está sucediendo nada de lo que dice Dios que va a suceder cuando su siervo está donde Él quiere que esté, entonces debemos sentir aflicción en nuestro corazón. Necesitamos tener un espíritu quebrantado, capaz de decir: *Dios mío, no quiero descansar. No puedo descansar por las noches, a menos que sepa que este siervo es lo que tú quieres que sea. Lo sabré cuando comience a caminar en medio de tu pueblo y haya un encuentro evidente contigo que no se pueda explicar, sino con la sensación de que tu maravillosa presencia se halla en mi vida.*

¿Se siente usted responsable como siervo de Dios? ¿Mira las Escrituras para decir después: *Si Dios dice esto, esto es lo que va a suceder cuando una persona camina con Él?* Yo le digo a la gente que camino con Él. Dígale a su gente que cuanto vea en las Escrituras que Dios dice que va a suceder a través de una persona que camina con Él, va a suceder. Por favor, no busque excusas para el hecho de que nada de esto esté sucediendo en su vida, para después decirle a su gente: *Pero yo soy un hombre con un llamamiento divino.* No soporto decirle a alguien que tengo unas palabras que vienen de Dios, si no las tengo. Si no he dejado que esas palabras pasen a través de mi vida, prefiero no hablar.

El pueblo de Dios siente un hambre increíble de Él en el corazón. En el momento en que una persona que camina con Dios abre su Palabra, no tenemos que preocuparnos sobre si ese pueblo va a rechazar el arrepentimiento. En estos últimos años, cada vez que he hablado de arrepentimiento, he visto los altares llenos de gente de Dios enfrentada con su pecado. He visto acercarse pastores, laicos, jóvenes y estudiantes universitarios. Los he visto acudir totalmente quebrantados ante el

Señor. Será difícil de creer, pero no he recibido ni una sola crítica de la gente de Dios a la que le he hablado acerca del arrepentimiento. Me dicen: *Hemos estado esperando que alguien nos diga qué hacer. Tenemos el corazón repleto de pecado, y no hemos sabido cómo romper esa esclavitud.*

Si yo hubiera podido amontonar todo el quebrantamiento y todo el pecado que confesaron aquellos estudiantes de Howard Payne, habrían formado una montaña. Cuando hablé con la facultad, dije: «Algunos de ustedes, que son profesores, si estos mismos muchachos —estos mismos jóvenes— pueden asistir a sus clases semana tras semana, y seguir llevando encima ese quebrantamiento total del pecado, tienen algo que no anda bien en lo que enseñan. Ahora mismo, esos estudiantes están llorando desconsolados y diciendo: "Yo hubiera dado lo que fuera con tal de que alguien me ayudara a librarme de este terrible pecado hace un año. Tengo un quebrantamiento inmenso en mi vida, y se ha ido acumulando, y nadie parecía estar dispuesto ni siquiera a enfrentársele"». Después me volví a los pastores y les dije: «¿Reconocen alguno de estos estudiantes? ¿Saben ustedes que se han estado sentando en sus iglesias semana tras semana tras semana?». Hay algo que no anda bien en nuestra predicación y en nuestra adoración si los jóvenes

El pueblo de Dios siente un hambre increíble de Él en el corazón.

de nuestros tiempos pueden estar tan llenos de pecado sin que nosotros causemos impacto alguno en ese pecado.

Los pastores necesitamos afligirnos ante el Señor y decirle: *Señor, si tu pueblo puede caminar en pecado y escucharme predicar semana tras semana sin que haya cambio alguno, es que hay algo que no anda bien en este predicador. No en ellos; en mí. ¿Qué falta en mi vida? ¿Qué hay en ella que tú no aceptas? ¿Qué dices tú que no vas a hacer hasta que se produzcan algunas cosas en mi vida?*

LA SANTIDAD Y EL JUICIO DE DIOS

El Salmo 24 encajaría bien en medio de un pasaje de Santiago. El versículo 3 de este Salmo dice: «¿Y quién estará en su lugar santo?». Más adelante, en Santiago 5, se nos presenta esta verdad: *La oración eficaz del justo puede mucho.* ¿Acaso no es esto cierto? ¿Sabe cuál me parece a mí que es uno de los peligros mayores que tenemos? Todos tenemos la verdad en la cabeza, pero nunca nos ha tocado el corazón. ¿Sabe cómo sé si la verdad le ha tocado el corazón? De acuerdo con lo dicho por Jesús, es espiritualmente imposible que su corazón se halle en un estado y el fruto que dé su vida se halle en otro distinto. Si podemos decir que creemos la verdad que nos presenta la Palabra de Dios y decimos que esa verdad está en nuestro corazón, pero no vemos evidencias de que haya sido convertida en realidad en nuestra vida, entonces las Escrituras solo han estado en nuestra mente y nunca nos han sacudido el corazón.

Usted podrá saber cuándo la verdad ha pasado de su cabeza a su corazón cuando se produzca en su vida un cambio tal, que es evidente para usted y para los demás que esa verdad es aplicada a su realidad. Sabrá que la verdad le ha llegado al corazón, si está produciendo fruto en su vida. Cuando lleve fruto en su vida, llevará fruto en el mundo que le rodea.

Nosotros nos hemos condicionado a llenarnos la cabeza con la verdad. Pensamos que, por creer correctamente en la Biblia, toda la verdad es puesta en práctica en nuestra vida.

Si usted les hablara a muchos pastores y les dijera: «¿Cree en la oración?», muchos de ellos le dirían: «Por supuesto».

Entonces les podría preguntar: «¿Ora?».

Y es posible que le respondieran: «Bueno, ese ha sido siempre el punto débil de mi vida».

Yo les tendría que decir: «El del problema es usted mismo. Usted no cree en la oración. No cree en el Dios que le ordena comparecer ante Él. Tiene la verdad en la cabeza, pero nunca le ha llegado al corazón».

¿Lo ha convocado Dios alguna vez para que comparezca ante Él? ¿Lo ha citado para que lo haga? ¿Ha acudido ante su presencia cuando Él lo ha convocado? ¿Se ha quedado allí hasta que Él lo ha transformado con su Palabra? ¿Lo ha cambiado tanto esa Palabra en su corazón que la gente se ha preguntado qué le ha sucedido? Entonces es cuando la verdad que sale de la boca de Dios ha pasado de su mente a su corazón. Porque cuando el corazón la asimila, ella produce un impacto en nuestra manera de vivir. Jesús enseñó que aquello que vemos salir de una persona es lo que indica qué tiene en el corazón. Nosotros seguimos caminando con la verdad, y diciendo: *Yo creo en el avivamiento. Yo creo en el despertar espiritual.* Ahora bien, ¿ha escuchado el texto bíblico que leímos en Joel? «Por eso pues, ahora, dice Jehová, convertíos a mí con todo vuestro corazón, con ayuno y lloro y lamento. Rasgad vuestro corazón, y no vuestros vestidos, y convertíos a Jehová vuestro Dios; porque misericordioso es y clemente, tardo para la ira y grande en misericordia, y que se duele del castigo» (Joel 2:12-13). Yo no sé qué hace usted con respecto a este texto, pero le voy a decir lo que hago yo. ¿Ha escuchado esta orden dada por Dios? ¿Qué les dijo Él a los levitas que hicieran? *Gemir. Llorar. Lamentarse.* Y se trata de una orden. La tenemos en la cabeza, pero nunca ha llegado hasta nuestro corazón. Cuando esto suceda, usted lo va a saber. Clamará como Jeremías: «¡Oh, si mi cabeza se hiciese aguas, y mis ojos fuentes de lágrimas, para que llore día y noche los muertos de la hija de mi pueblo!» (Jeremías 9:1).

Podemos leer el libro de Joel, identificarlo con la situación de los Estados Unidos, y nunca responder a la orden dada por Dios. Son los líderes espirituales los que deben lamentarse. Ahora bien, cuando lee Joel 2:12-13, ¿qué hace con este texto? Es una orden, y es también un requisito previo para que Dios detenga el juicio de su mano. ¿Cree usted que si nosotros no queremos obedecer esa orden, nos va a llegar el juicio? Yo me he dicho a mí mismo: *Señor, ¿qué he hecho cuando he estado en tu santa presencia? Tú eres un Dios santo. El camino del avivamiento es el camino de la santidad. Eso significa que cada vez que tú hables, yo debo llevar mi vida ante tu presencia para dejar que tú la transformes. Haz que mi corazón corresponda con el tuyo.*

Hemos estado usando la terminología correcta con respecto al avivamiento, pero no hemos permitido que nos penetre hasta el corazón. ¿Cuándo fue la última vez que el dolor de su corazón era tan fuerte que ya no podía soportarlo? ¿Cuándo fue tan grande su pena, que no pudo hallar palabras para hablar? No sé nada acerca de usted; solo sé lo que Dios está haciendo en mi vida. Él me está diciendo: *Henry, es hora de que me rindas cuentas. Nunca acudas a mi Palabra para ver lo que yo digo, sin asegurarte de que esa Palabra pasa de tu cabeza a tu corazón, y de tu corazón a tu vida, y de ella al resto del mundo que te rodea.* Debemos estar dispuestos a dejar que Dios llegue a nosotros como fuego purificador, como jabón de lavadores, hasta que nos haya refinado como se hace con la plata y el oro.

En Santiago 5:17-18, las Escrituras afirman que Elías era un hombre con una naturaleza idéntica a la suya y la mía. Pero había una diferencia: oraba. Bueno, esa es la mitad de la diferencia. ¿Cuál es la diferencia más importante? Que cuando él oraba, Dios hacía algo. ¿Ha estado orando para pedir un avivamiento? Es muy probable que diga *Amén* a esto. ¿Qué evidencias ve de que Dios lo haya escuchado? ¿Se siente incómodo? ¿Se necesita un avivamiento en los Estados Unidos? ¿Le ha puesto Dios en el corazón que ore para pedir un avivamiento? ¿Alguna vez ha sentido que esto se ha asido de usted, o se ha alejado de esa orden del Señor que dice: «La oración eficaz del justo puede mucho» (Santiago 5:16)? Elías oró, y dejó de llover. Después oró de nuevo y volvió a llover, y todo Israel fue llevado de vuelta a su Dios. Si usted comprende ese texto de las

Escrituras, ¿le molesta que ore y no suceda nada? Yo he ido ante el Señor para decirle: *Señor, tengo que ver, no por mí, ni por el pueblo, sino por causa de tu nombre. Señor, no es cuestión solo de que yo ore. Es cuestión de que ore, y cuando haya orado, suceda algo.*

Volví a 1 Reyes 18. Este capítulo debe servir también de modelo para nuestra oración.

Cuando llegó la hora de ofrecerse el holocausto, se acercó el profeta Elías y dijo: Jehová Dios de Abraham, de Isaac y de Israel, sea hoy manifiesto [primero] que tú eres Dios en Israel [segundo], y que yo soy tu siervo [tercero], y que por mandato tuyo he hecho todas estas cosas. Respóndeme, Jehová, respóndeme, para que conozca este pueblo que tú, oh Jehová, eres el Dios, y que tú vuelves a ti el corazón de ellos.

1 Reyes 18:36-37

¿Se siente responsable cuando Dios le pone ese texto bíblico en el corazón? ¿Le pregunta: *Dios mío, en qué punto de este proceso tengo una fuerte deficiencia en mi caminar contigo? ¿Se tratará de que nunca te he escuchado decir que no va a llover? ¿Se tratará de que no estoy lo suficientemente cercano a ti para escuchar, o incluso saber lo que estás pidiendo? ¿Será que yo no he recibido palabra alguna de ti, y por tanto, tú no vas a hacer nada cuando yo clame a ti? En todo este cuadro, ¿dónde no he llegado a estar ni cercano siquiera a responderte?*

Mi corazón dice: *Dios mío, ¿acaso no hay un punto en nuestra vida en el cual, si ese pasaje de Santiago es cierto, nosotros podemos seguir ese modelo y decir: «Señor, ¿te podrías cerciorar de que yo comprenda lo que significa ser un hombre justo, de que la santidad sea mi modelo de vida y de que la necesidad de ser santo forme parte de mi vida de tal forma que cuando me encuentre en tu santo lugar, sepa lo que tú dices? Cuando estoy en tu santo lugar, tengo los oídos abiertos, los ojos abiertos y el corazón tierno, porque no hay pecado allí. Tú te has enfrentado a mi pecado de manera radical, y mis oídos escuchan tu voz y mis ojos comprenden lo que estás haciendo, y mi corazón te responde. Puedo partir de ese momento para decir que hay una palabra tuya, y que tú vas a responder; que el pueblo sabrá que tú eres Dios y que al menos hay un siervo que está a tus órdenes, que te está escuchando y que les está llevando tu palabra».*

¿Cuál ha sido la respuesta de Dios? ¿Respondió algo? Ese es el punto en el cual quiero que seamos responsables ante Él. A lo largo de toda la Biblia, Dios dice que el *camino* por el cual Él se mueve, el *camino* por el cual anda su pueblo, es el *camino de la santidad*. Esto es especialmente cierto cuando Dios nos trae al corazón en medio de la oración lo que Él

Tú te has enfrentado a mi pecado de manera radical, y mis oídos escuchan tu voz y mis ojos comprenden lo que estás haciendo, y mi corazón te responde.

quiere que hagamos. Cuando oramos de la forma que Dios nos enseña, y nuestra vida está limpia para recibir su Palabra, Él responde. Pero si no responde, es en ese punto en el que nos debemos sentir responsables. Ahora bien, ¿lo puedo expresar de esta manera? La respuesta de Dios a Elías que hizo que los corazones de los suyos volvieran a Él, ¿esperó hasta que todos hubieran enderezado su vida? No; una sola persona había enderezado su vida. Entonces, dicen las Escrituras en 1 Reyes 18:37: «Para que conozca este pueblo que tú, oh Jehová, eres el Dios, y que tú vuelves a ti el corazón de ellos».

En toda nuestra nación hay gente cuyo corazón está volviendo a Dios. Esto es algo que Él hace. Pero el clamor de mi corazón es proclamar que tiene una importancia máxima que nos sintamos responsables de llevar una vida de santidad; que si nosotros caminamos en justicia, Dios va a responder. Nuestra vida va a ser un *camino* por el cual llegará Dios.

Recuerde la predicación de Juan el Bautista en Lucas 3:4: «Preparad el camino del Señor; enderezad sus sendas [Abridle camino a nuestro Dios]». Ese camino es el *camino de la santidad*. Es un corazón limpio y puro que ve a Dios. Jesús dijo: «Bienaventurados los de limpio corazón, porque ellos verán a Dios» (Mateo 5:8). Es esa manera de caminar la que Dios usa como el *camino* por el cual, según yo creo, Él se mueve poderosamente en el avivamiento. He estado con demasiada gente que ha orado para pedir un avivamiento con los labios, pero en su corazón no ha conocido el toque purificador de un Dios santo. No estoy diciendo esto para criticar. Yo sé cómo estuvo mi corazón por largo tiempo. Sé lo fácil que me es decir las palabras y sentir que mientras clame con la mente a Dios, Él va a saber que lo digo en serio. Dios dice: *Sabrás que has cumplido con los requisitos de la santidad cuando me veas comenzar a moverme con gran poder a través de tu vida y de tu iglesia, hasta los confines de la tierra.*

Hay otro texto bíblico en el que quiero que reflexionemos; después, le quiero dar un enfoque muy práctico en cuanto a las cosas que están afectando a la santidad en nuestra vida. Leamos Hebreos 12. Podríamos comenzar por muchos lugares. Comenzaremos con el versículo 7:

> Si soportáis la disciplina, Dios os trata como a hijos; porque ¿qué hijo es aquel a quien el padre no disciplina? Pero si se os deja sin disciplina, de la cual todos han sido participantes, entonces sois bastardos, y no hijos. Por otra parte, tuvimos a nuestros padres terrenales que nos disciplinaban, y los venerábamos. ¿Por qué no obedeceremos mucho mejor al Padre de los espíritus, y viviremos? Y aquellos, ciertamente por pocos días nos disciplinaban como a ellos les parecía, pero este para lo que nos es provechoso, para que participemos de su santidad.

> HEBREOS 12:7-10

Cuando yo disciplinaba a mis hijos, lo hacía con aquello que me parecía mejor. En cambio, cuando Dios castiga, tiene una meta en mente. Él dice que nos castiga para nuestro provecho;

para que podamos participar en su santidad. «Es verdad que ninguna disciplina al presente parece ser causa de gozo, sino de tristeza; pero después da fruto apacible de justicia a los que en ella han sido ejercitados. Por lo cual, levantad las manos caídas y las rodillas paralizadas» (Hebreos 12:11-12). Yo subrayaría las palabras *las rodillas paralizadas*. ¿Qué simboliza esto? La vida de oración. Debemos fortalecer profundamente nuestra vida de oración, y después hacer una senda derecha para nuestros pies, de manera que lo cojo no se salga del camino ni quede dislocado, sino que sea sanado. Aquel fin de semana que estuve en la Universidad Howard Payne comparé mi vida con este texto bíblico. Dije: *Dios mío, ¿me querrías ayudar a arreglar mi caminar contigo de tal forma que aquellos que estén tropezando por todas partes no se desvíen, ni sus rodillas queden dislocadas, sino que sean sanados?*

No sé cómo se reacciona ante un texto bíblico como este, pero dije: *Dios mío, te pido fervorosamente que trates conmigo de tal forma que los estudiantes de este recinto universitario sean sanados en su caminar contigo, en lugar de tener que enfrentar más obstáculos.* Después miré, para ver si había algún estudiante que se estuviera sanando, porque no quería seguir a mi próxima obligación y decir: *Dios mío, haz lo mismo. No lo hiciste por mí las últimas cuatro veces, pero Señor, te voy a pedir que lo hagas de nuevo.* Le dije: *Señor, sé que me has ayudado a ser la clase de persona que quieres que sea, si el castigo que estás trayendo a mi mente y a mi corazón es para que pueda participar en tu santidad; para que alguien atrapado en la pornografía pueda quedar totalmente libre; para que alguien atrapado en la lujuria pueda ser liberado y tener gozo en el corazón.*

Muchos de aquellos estudiantes estaban de pie llorando y tratando de describir el cambio que se había producido mientras estaban en la plataforma. Habían recibido un toque purificador de su amoroso Señor. Dicen que el cojo danzó; ¡eso mismo es lo que estaba sucediendo! No sabían cómo describirlo. Uno de los jóvenes comenzó a decir: «No sé; estoy tan feliz. Me siento tan libre. ¡Me siento como si hubiera sido sanado!». Yo le dije: «Hermano mío, así fue. Usted fue sanado».

Señor me quieres disciplinar lo suficiente como para que pueda participar de tu santidad, de manera que cuando los espiritualmente cojos estén presentes y se comparta la Palabra, haya allí un camino para ti, y ellos puedan acudir a ese camino, y salir de él sanos por dentro? Si nadie se sana cuando usted predica, el problema no está en la Palabra de Dios, ni en los que necesitan ser sanados. El problema está dentro de usted. Lo trágico es que Dios haya puesto a tantos en lugares de liderazgo, y sin embargo, se haya producido tan poca sanidad en la vida de su pueblo. Parece no haber aflicción alguna a causa de esto. No hay

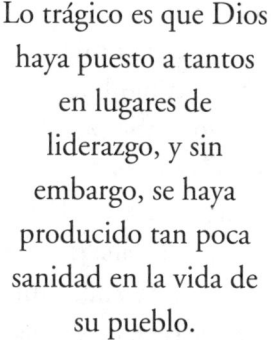

Lo trágico es que Dios haya puesto a tantos en lugares de liderazgo, y sin embargo, se haya producido tan poca sanidad en la vida de su pueblo.

quebrantamiento por esto. Decimos que se trata de los tiempos en los que vivimos. Le echamos la culpa a todo, menos a nosotros mismos. El avivamiento se produce por medio de los líderes. Cuando Dios nos llama a nosotros como llamó a Elías, nos dice: «Te voy a moldear y dar forma hasta que tengas un mensaje que dar, y entonces tú, en tu caminar conmigo, podrás dar ese mensaje. Entonces te voy a hacer responsable de hacer lo que te digo, y ellos sabrán que yo soy Dios y que tú eres mi siervo, y que todo lo que has hecho es porque yo te dije que lo hicieras».

Permítame preguntarle una cosa: ¿Cuándo fue la última vez que Dios manifestó claramente su poder por medio de su vida ante la gente a la que sirve? Si usted les tiene que decir que lo sigan, se encuentra en problemas. Si tiene que reclamar su autoridad como pastor de una iglesia, porque nadie lo sigue, se encuentra en problemas. ¿Sabe cuándo lo van a seguir? Cuando Dios les ponga en el corazón que deben hacerlo. Cuando Dios pueda confiar en su liderazgo; cuando Dios tenga un hombre como Elías. Este versículo es gigantesco, si se lo toma en serio. *Señor, ayuda a tu pueblo a saber que tú quieres hacer que sus corazones se vuelvan a ti.*

Creo que ya es hora de que dejemos de estar culpando a la gente por la falta de respuesta. Las Escrituras dicen que si Dios tiene un siervo que camina en santidad, va a hacer que los corazones de la gente se vuelvan a Él. ¿Recuerda el pasaje referente a los padres? Se encuentra al final de Malaquías 4. Allí, Él dice que va a volver el corazón de los padres hacia los hijos. ¿Cómo puede saber usted con claridad que Dios ha terminado esa obra en su persona? ¿Qué dijo Él que haría después? Que volvería el corazón de los hijos hacia los padres. Ahora bien, esto yo lo entiendo de una manera muy sencilla: *Señor, yo voy a saber cuándo tú has vuelto mi corazón hacia mis hijos lo suficiente, cuando vea que estás volviendo el corazón de mis hijos hacia mí. Y no voy a usar ese texto de las Escrituras mientras no vea que sucede esto.*

Es posible que tenga hijos que se hallan sumamente alejados del Señor, y que haya orado por ellos. Usted necesita permanecer en la presencia de Dios, hasta que Él haga en usted lo que Él mismo dice que es el requisito previo: que vuelva su corazón hacia sus hijos. Lo que Dios hace cuando vuelve el corazón de un padre hacia sus hijos es algo grandioso. No es solo tratar de darles atención y llamarlos todos los sábados por la noche. No significa que tome su cabeza y la vuelva hacia sus hijos; es su corazón el que vuelve hacia ellos. Usted sabrá cuándo Dios ha vuelto su corazón hacia sus hijos lo suficiente, al ver que Él mismo comienza a volver hacia usted el corazón de ellos.

No he oído a muchos predicar acerca de esto como uno de los requisitos previos de un despertar espiritual. En Lucas 1:17, Dios lo dice de esta forma: «E irá delante de él con el espíritu y el poder de Elías, para hacer volver los corazones de los padres a los hijos, y de los rebeldes a la prudencia de los justos, para preparar al Señor un pueblo bien dispuesto». Estoy convencido de que uno de los grandes requisitos previos para un avivamiento es lo que Dios hace con los hombres respecto a su familia. Alista un pueblo que se halle preparado para Él.

Por lo cual, levantad las manos caídas y las rodillas paralizadas; y haced sendas derechas para vuestros pies, para que lo cojo no se salga del camino, sino que sea sanado. Seguid la paz con todos, y la santidad, sin la cual nadie verá al Señor. Mirad bien, no sea que alguno deje de alcanzar la gracia de Dios; que brotando alguna raíz de amargura, os estorbe, y por ella muchos sean contaminados; no sea que haya algún fornicario, o profano, como Esaú, que por una sola comida vendió su primogenitura.

HEBREOS 12:12-16

¿Le parece que existan líderes espirituales que por un momento de inmadurez sexual hayan vendido su primogenitura espiritual? Me perturba mucho ver la cantidad de personas que tratan de hacer que vuelvan al ministerio unas personas inmorales, solo porque dicen haberse arrepentido. En eso, soy muy duro. Todo el que pueda hacer eso, tiene un defecto en su carácter. Dios les puede perdonar el pecado, pero le toma tiempo hacer algo con su carácter, y mientras tanto, están contaminando a muchos. Necesitamos hacer que la Palabra de Dios sea muy clara. Muchos que han sido sexualmente inmorales, nos vienen diciendo ahora: *Dios me perdonó.* Sin embargo, no hay absolutamente *ninguna* evidencia de arrepentimiento. Me preocupa lo que estamos haciendo en esas situaciones.

¿Se puede imaginar que le apliquemos a Esaú esa misma manera de pensar? *Bueno, él se arrepintió. Bueno, lo que hizo fue tratar de recuperar su primogenitura.* Exacto, pero no le fue devuelta. *La buscó en medio del llanto.* Exacto, pero no la recuperó. La santidad dice que Dios es santo, y en las Escrituras tenemos evidencias en abundancia sobre la naturaleza de esa santidad. Este texto de las Escrituras dice que Esaú vendió su primogenitura por un bocado de comida. Usted sabe que después, cuando quiso heredar la bendición, fue rechazado, porque no encontró motivo para arrepentirse, aunque pidió diligentemente con lágrimas esa bendición. Eso se halla conectado a la santidad de Dios.

Las Escrituras dicen que necesitamos buscar la santidad. Es decir, necesitamos dejar que la medida plena de la naturaleza de Dios se convierta en el modelo para nuestro carácter. Necesitamos dejar que Él forme en nosotros la medida plena de la justicia de Cristo. Necesitamos dejar que Él tome todas las partes de nuestra mente y de nuestro corazón y las mantenga santas para sí. Si hay cosas que nos seguimos metiendo en la mente, de tal forma que cuando vamos a orar no podemos orar, entonces lo mejor es que no oremos para pedir un avivamiento porque Él no nos lo va a conceder. Cuando alguien que camina con perseverancia en su relación con Dios comparece ante su presencia, el carácter y la santidad de Dios lo inundan por completo.

¿Lo inunda a usted la santidad de Dios? ¿Siente que tiembla cuando Dios habla? El otro día me fui a la Palabra, y cuando la leí, cayó literalmente sobre mi vida un temblor que me llegaba de la cabeza a los pies. Me puse a llorar de forma espontánea. Sentí que todo mi ser temblaba. Entonces dije: *Dios mío, de*

¿Lo inunda la
santidad de Dios?
¿Siente que tiembla
cuando Dios
habla?

repente me has hecho consciente de lo santo que tú eres y lo pecador que soy yo, y de lo mucho que está en juego cuando yo manejo las cosas sagradas. Cuando tomo este Libro me doy cuenta de lo mucho que pende la eternidad de la balanza, y cuando hablo con la gente, de lo mucho que tú tienes en el corazón. Señor, soy totalmente indigno de esto. Dios mío, si esto es cierto, no permitas que vuelva a hablar otra vez en tu nombre. Tu santidad y mi pecado están sumamente distantes.

Allí me quedé, sin fuerzas. Decía: *Dios mío, ¿cómo es posible que hable?* Él me dijo: *Yo voy a hacer en ti lo que hice en Isaías. Él tampoco tenía derecho a hablar, pero yo tomé unos carbones encendidos y le toqué con ellos los labios… y tú vas a saber que yo he hecho contigo esto mismo.*

Yo le dije: *Entonces, Señor, hazme responsable de mi santidad. Señor, no permitas que me limite a hablar de ella. No permitas que me limite a leer acerca de ella, porque tú dijiste que era el camino de santidad el que iba a traer a tu pueblo de vuelta a ti, y que se regocijarían y que cantarían.*

Muchos de los cultos de nuestras iglesias suenan parecidos a los funerales. He visto algunas congregaciones cantar cánticos de alabanza, y si usted los viera cinco minutos más tarde, creería que estaba en un funeral. Los cánticos de alabanza no pueden sustituir a un corazón limpio. Estamos dejando a la gente en un estado horrible, y de alguna manera necesitamos tener una vida que camine en santidad con Él.

La santidad es el camino por el cual Dios trae el avivamiento. Sin santidad, nadie verá al Señor. Nadie puede estar en su lugar santo sin unas manos limpias y un corazón puro. Los de puro corazón son los que ven a Dios. Que el Espíritu de Dios nos enseñe a no decir cuando oremos: *Dios mío, ayúdame a verte,* sin decir al mismo tiempo: *Dios mío, dame el estado del corazón que es el requisito previo para poder verte. No te puedo pedir que te hagas real, a menos que también te pida que hagas una obra de purificación en mi corazón, en mi mente y en mi voluntad, porque solo entonces te podré ver. Pedirte que me dejes verte en toda tu gloria, sin este requisito previo, es una necedad total.* Él no está dispuesto a hacerlo.

Me pregunto por qué hemos clamado al Señor, y hemos visto tan poco. ¿Será acaso que Dios está esperando que sus siervos caminen hacia Él *por el camino de santidad*? Los inmundos no pasarán por él. Los limpios sí: los que el Señor ha rescatado y redimido de todo nuestro pecado, aquellos a quienes nos ha vestido con su justicia, y que ahora tenemos un corazón y una mente libres delante de Él.

> Me pregunto por qué hemos clamado al Señor, y hemos visto tan poco.

Pregúntele a Dios si Él ha usado alguna medida de las Escrituras para despertar su corazón y su conciencia. Estamos hablando de avivamiento. Estamos hablando de la supervivencia de nuestra nación. Estamos hablando del destino eterno de otros. Estamos hablando de la honra del Señor. Estamos hablando de su nombre. Estamos hablando de ser siervos suyos. Estamos hablando del pueblo de Dios que se halla en gran aflicción y no sucede nada de lo que debería suceder cuando nosotros estamos presentes en medio de él.

Digamos: *Señor, comienza ese proceso. Haz cuanto sea necesario hacer en mí.* No se tome esto a la ligera, sino con una comprensión que proceda de su Palabra.

Y vendrá súbitamente a su templo
el Señor a quien vosotros buscáis,
y el ángel del pacto,
a quien deseáis vosotros.
He aquí viene,
ha dicho Jehová de los ejércitos.
¿Y quién podrá soportar el tiempo de su venida?
¿O quién podrá estar en pie cuando él se manifieste?
Porque él es como fuego purificador,
y como jabón de lavadores.
Y se sentará para afinar y limpiar la plata;
porque limpiará a los hijos de Leví,
los afinará como a oro y como a plata,

y traerán a Jehová
ofrenda en justicia.

MALAQUÍAS 3:1-3

Allí es donde estamos. El avivamiento espera que haya santidad en el pueblo. Que Dios avive su corazón, para que busque la santidad con todas sus fuerzas. Si hay algo que el Espíritu de Dios le trae a la mente porque hace falta quitarlo, entonces ¿estaría dispuesto—por Dios, y con todo el corazón— a pedirle que obre en usted?

Padre, en la magnitud de tu gracia, has permitido que varios de nosotros estuviéramos presentes para ver lo que tu santidad hacía en un grupo de hijos tuyos blasfemos que sabían que estaban en pecado, pero no había nada que los hiciera sentir convicción. De repente, comenzaste a obrar en tu pueblo, y sus vidas comenzaron a quedar limpias y restablecidas. Como la levadura, su presencia comenzó a afectar a sus familias y a sus socios de negocios de todo el recinto universitario. Tocaste tan profundamente a algunos, que reconocieron con toda franqueza sus repugnantes pecados, pero también dieron testimonio de tu gracia. Señor, en el mismo momento de hacer esto, tu santidad cayó sobre todo un grupo de personas. ¿Quieres moldear la vida de nosotros, los líderes, hasta que se pueda caracterizar por la santidad? Sabremos que las cosas están donde deben estar, por lo que suceda en la vida de aquellos a quienes toquemos.

Ahora, te pedimos que nos guíes a través de estos momentos de respuesta personal a ti, y te lo pedimos en tu nombre.

Padre, estos momentos son los más sagrados; los más santos. De alguna manera, sentimos que el cielo mismo guarda silencio. Toda la obra de la redención se centra en nuestra respuesta a tu santidad. El camino que tú te has propuesto abrir, espera por nuestra santidad. Nos has dado un modelo para ser santos, así como tú eres santo. Perdónanos por las veces que nos hemos justificado por no serlo. Padre, en tu Palabra nos dijiste que los líderes deben ser intachables. Señor, no dejes que busquemos explicaciones y justificaciones. Que seamos intachables cuando nos presentemos ante tu pueblo y ante el mundo. Dios mío, que estos días creen un poderoso camino para ti, y que a partir de la santidad de vida de cada uno de nosotros puedas dar poderosas evidencias de que nos hemos convertido en aquello que tú andabas buscando, y que tú has oído nuestro clamor cuando hemos orado en nuestra santidad y que nos has concedido lo que te pedíamos. Que veamos las evidencias en la vida de tu pueblo, en un mundo que observa mientras siente la imponente presencia de un Dios santo en nuestra vida y ministerio, y a través de ellos. Te lo pedimos en tu nombre, Amén.

ACERCA DEL AUTOR

HENRY T. BLACKABY SE HA PASADO TODA LA VIDA EN EL
ministerio. Ha trabajado como director de música, director de
educación cristiana y pastor principal en iglesias de California y
de Canadá. Su primer nombramiento en una iglesia tuvo lugar
en 1958. Durante su ministerio en las iglesias locales, el doctor
Blackaby fue presidente de un colegio universitario, misionero
y más tarde, ejecutivo de la Convención Bautista del Sur.

El doctor Blackaby fue miembro del personal de la Junta
Misionera Norteamericana, en Alpharetta, Georgia, como
Ayudante Especial del Presidente. A través de la oficina de
Avivamiento y Despertar Espiritual de la Convención Bautista
del Sur, ayudó a orientar a miles de pastores y laicos de toda
Norteamérica. También actuó al mismo tiempo como Ayu-
dante Especial de los Presidentes de la Junta Misionera Interna-
cional y de LifeWay Christian Resources para un avivamiento
mundial. Actualmente es el presidente de Henry Blackaby
Ministries.

A principios de los años noventa, Henry Blackaby se con-
virtió en uno de los autores más vendidos de Estados Unidos,

y ha dedicado el resto de su vida a ayudar a las personas a conocer y experimentar a Dios.

El doctor Blackaby, autor de más de una docena de libros, se graduó en la Universidad de la Columbia Británica, en Vancouver, Canadá. Hizo su maestría en Teología en el Seminario Teológico Bautista Golden Gate. También ha recibido cuatro doctorados honoris causa.

Henry Blackaby y su esposa Marilynn tienen cinco hijos ya casados, que trabajan todos en el ministerio cristiano. También han sido bendecidos con catorce nietos.

RECONOCIMIENTOS

A Thomas Nelson Publishers por pedirnos que compartiéramos unos mensajes que han sido significativos para nosotros

y a

Kerry Skinner, quien trabajó arduamente en la preparación de los originales de este libro.